LES
MOHICANS

DE PARIS

PAR

ALEXANDRE DUMAS

2

PARIS

ALEXANDRE CADOT, ÉDITEUR

37, rue Serpente

1854

LES MOHICANS DE PARIS

Ouvrages du marquis de Foudras.

Un Drame en famille	5 vol.
Un Grand Comédien	3 vol.
Le Chevalier d'Estagnol	6 vol.
Diane et Vénus	4 vol.
Jacques de Brancion	5 vol.
Madame de Miremont	2 vol.
Lord Algernon	4 vol.
La comtesse Alvinzi	2 vol.
Un Capitaine du Beauvoisis	4 vol.
Madeleine repentante	4 vol.
Le Capitaine Lacurée	4 vol.
Les Gentilshommes chasseurs	2 vol.
Suzanne d'Estouville (format Charpentier)	2 vol.
Tristan de Beauregard (idem)	1 vol.
Un Caprice de grande dame (idem)	3 vol.

Sous presse :

Un amour de vieillard	3 vol.
Le dernier roué	5 vol.
Les veillées de Saint-Hubert	2 vol.

Ouvrages de Xavier de Montépin.

Confessions (les) d'un Bohême	5 vol.
Vicomte (le) Raphaël	5 vol.
Les Oiseaux de nuit	3 vol.
Les Chevaliers du lansquenet	10 vol
Pivoine	2 vol.
Mignonne	3 vol.
Les Viveurs d'autrefois	4 vol.
Le Loup Noir	2 vol.
Un Brelan de dames	4 vol.
Les Valets de cœur	3 vol.
Un Gentilhomme de grand chemin	5 vol.
Les Amours d'un fou	4 vol.

LES
MOHICANS
DE PARIS

PAR

ALEXANDRE DUMAS

2

PARIS
ALEXANDRE CADOT, ÉDITEUR
37, rue Serpente
—
1854

L'élève et son Professeur.

Et, maintenant, que le lecteur nous permette de substituer notre récit à celui du narrateur; le récit en sera plus complet, puisque nous aurons la faculté de dire de l'excellent homme que nous venons de mettre en scène ce que sa modestie ne lui permettait pas de dire lui-même.

Sept ans avant le jour où s'est ouvert le péristyle de l'histoire gigantesque dans laquelle nous n'avons pas craint de nous engager, cette même chambre qu'habitait le violoncelliste, et dont les deux jeunes gens avaient été si émerveillés, cette même chambre, disons-nous, était loin de ressembler à celle que nous venons de décrire dans sa charmante simplicité.

Au lieu du rideau de mousseline blanche qui tapissait le lit, et qui donnait à l'alcôve un air de petite chapelle; au lieu de la vierge de stuc dressée sur la cheminée, et étendant ses deux bras au-dessus des habitants de cette chambre comme une bénédiction éternelle; au lieu des deux flambeaux supportant des bougies roses, sortes de cierges, qui, avec la mousseline du lit et la statuette de la Vierge, donnaient à ce réduit un parfum de quiétude et de recueillement, — c'était une espèce de salle basse, dallée plutôt que carrelée, étroite, froide et humide, sans fleurs parfumées, sans oiseaux chanteurs, sans tentures et sans papier.

Les seuls ornements des murailles consistaient dans une vieille gravure à l'eau forte représentant la *Mélancolie* d'Albert Durer, et dans une petite glace de forme carrée, au cadre de bois jaune, surmontée de deux branches de buis en croix, et faisant face à la gravure ; — le fond de la chambre était caché par un grand rideau de serge verte, lequel, accroché par des clous aux solives du plafond, retombait jusqu'aux dalles qui servaient de plancher : c'était, sans doute, un voile jeté par des mains amies pour dérober au visiteur le navrant spectacle de quelque pauvre couchette.

Cette chambre, en un mot, était l'habitation la plus misérable et la plus triste qu'il fût possible d'imaginer ; on se sentait le cœur profondément ému en jetant les yeux autour de soi, car on eût en vain cherché un seul point où la vue pût se reposer agréablement : les murs suaient la misère, les solives du plafond, pliant sous le poids qu'elles portaient depuis trois cents ans peut-être, menaçaient ruine ; l'atmosphère était lourde, viciée.

En apercevant le guichet qu'on avait percé dans la porte, on frissonnait comme en visitant un cachot.

C'était bien moins, en effet, la cellule d'un austère cénobite que le cabanon d'un pauvre fou.

A l'exception d'une table de vieux chêne, d'un tableau de bois peint en noir destiné à faire des démonstrations à la craie, d'un pupître sur lequel était placé un gros volume contenant, sans doute, les œuvres de Haendel ou les psaumes de Marcello ; à l'exception d'un banc assez long, pouvant donner place à huit ou dix personnes, d'un abouret élevé, et d'une chaise de paille, l'intérieur de la chambre était presque aussi nu que les murs.

Celui qui habitait cette chambre était un pauvre maître d'école du quartier Saint-Jacques.

A cette époque, c'est-à-dire en 1820, il était parvenu, à force de patience, à fonder dans le faubourg une petite école d'enfants.

Pour la somme modique de cinq francs par mois, qu'on ne lui payait pas toujours exactement, il enseignait, selon son programme, la lecture, l'écriture, l'histoire sainte et les quatre règles de l'arithmétique;

mais, en réalité, il enseignait bien plus que ne promettait son programme.

Fils d'un pauvre fermier de province, il avait été envoyé au collége Louis-le-Grand dès l'âge de dix ans ; à peine les livres lui avaient-ils été ouverts que le professeur intelligent aux soins duquel il avait été confié avait reconnu en lui une aptitude peu commune et de rares dispositions.

Ce professeur, modeste et brave homme, vieux d'années, jeune de cœur, arbre qui aurait poussé des rameaux et donné des fruits au soleil du monde, mais qui, privé d'air chaud et de sucs vivifiants, s'était étiolé et rabougri derrière les murs humides et moussus d'un collége, ce professeur, au bout d'une année, le prit en amitié, et s'attacha à lui aussi tendrement qu'un père pourrait s'attacher à son dernier enfant.

Lui aussi, il y avait trente ans, était venu du fond de sa province à Paris; dépaysé au milieu de cette société en raccourci qu'on appelle le collége, entouré de fils de famille, de jeunes gens riches, lui enfant pauvre, il avait, comme son jeune disciple, dans lequel il se voyait revivre, plus d'une fois regretté le sentier verdoyant qui conduisait à la ferme paternelle; plus d'une fois il avait pleuré des larmes amères au souvenir de la liberté que l'on respirait dans l'air de son pays natal; enfin, comme son élève, il avait fermé les yeux pour oublier le passé, et s'était jeté à corps perdu dans la voie aride et raboteuse de la science, où le plus clairvoyant se heurte toujours à quelque problème insoluble, à quelque théorie inconnue.

Cette sympathique similitude de pauvreté, d'intelligence et d'isolement, donna tout d'abord, nous croyons déjà l'avoir dit, au vieux professeur la plus profonde affection pour le petit Justin.—C'était ainsi que se nommait l'enfant.

En lui versant les premières gouttes de la science, il s'efforça de lui en adoucir les amertumes, il lui tendit la main dans les fourrés épais qui obstruent les premières avenues de l'étude; il écarta de lui les ronces aiguës, les orties brûlantes ; enfin, sa sollicitude n'épargna aucun soin pour lui frayer sur ses pas un chemin facile à travers les broussailles de ce pays inconnu.

De son côté, Justin conçut pour son vieux maître une tendresse abondante comme celle d'un fils, reconnaissante et respectueuse comme celle des écoliers.

Aussi, dès que l'heure de la récréation était sonnée, après avoir serré livres et cahiers dans sa *baraque*, comme on dit au collége, il traversait la cour en deux ou trois enjambées, et, soit qu'il ne prît aucun plaisir à la récréation, soit qu'il n'eût point d'ami de son âge, soit, enfin, que son seul camarade, son unique ami fût son vieux professeur, dès que l'heure de la récréation était sonnée, disons-nous, il allait le retrouver dans sa chambre, et alors la plus douce causerie commençait entre eux.

Tantôt c'était l'histoire, tantôt c'étaient les mythologies ou les voyages qui faisaient le sujet de cette convervation ; tantôt c'étaient les œuvres des poètes anciens ou des grands artistes que l'on passait en revue.

Qu'un gai rayon de soleil entrât tout à coup dans la chambre, apportant avec lui comme un souvenir des champs, comme un parfum des forêts, les vers de Virgile et d'Homère, ces deux grands prêtres de la nature, poussaient alors sur leurs lèvres ainsi que les fleurs de la terre au mois d'avril : le vieillard admirait les poètes à travers la nature, et faisait entrevoir à l'enfant la nature à travers les poètes.

C'était surtout le dimanche qui apportait dans le pan de sa blanche tunique les plus douces heures de la semaine.

Au coin du feu pendant l'hiver, dans les bois de Versailles, de Meudon ou de Montmorency pendant l'été, c'était toute une journée qu'on avait le droit de passer ensemble.

Oh! cette journée tant attendue durant sept jours, comme on la mettait à profit en entamant une longue discussion sur quelque point en controverse !

Un jour, c'était un vieux camarade du professeur qui venait lui faire visite; c'était la lettre de la famille que l'on relisait dix fois ; enfin, c'était sans cesse quelque causerie instructive ou intéressante.

Si par hasard — hasard qui ne se reproduisait pas trois fois dans l'année — le maître était appelé à quelque cérémonie, à quelque dîner officiel, chez le proviseur ou chez un haut fonctionnaire de l'Université où il ne pouvait pas conduire Justin, l'enfant passait les récréations de ce dimanche à se promener avec un jeune garçon de son âge, isolé et pauvre comme lui, mais d'intelligence aussi rétive que la sienne était facile.

C'était à peu près le seul camarade qu'il eût dans le collége, non pas que les autres élèves lui fussent antipathiques : tout au contraire, il eût aimé tout le monde; mais c'était lui qui était abandonné de tous.

L'inégalité des fortunes sépare déjà les enfants au collége, comme plus tard, elle séparera les hommes dans la société, et les deux écoliers dont on voit l'ombre réunie se projeter sur les grands murs de la palissade, dans la cour de la récréation, sont toujours deux pauvres ou deux riches.

Un jour, le vieux maître de Justin se

révéla à lui sous une forme toute nouvelle.

Depuis longtemps il lui ménageait une surprise aussi douce qu'inattendue : la chambre qu'habitait le bon M. Müller — c'était le nom du vieux professeur — était située au-dessus de l'infirmerie ; on était donc obligé à mille précautions, et le plancher était si mince, qu'on entendait retentir les pas les plus légers. Dans la bonté de son âme, le vieux professeur redoutait de causer le plus faible trouble dans le repos des malades ; il avait donc renoncé à satisfaire la seule passion qui eût jamais fait battre son cœur : — il adorait la musique, et jouait du violoncelle avec la science et l'amour d'un violoncelliste allemand.

Or, nous l'avons dit, depuis trois ans qu'il habitait cette malheureuse chambre — date qui coïncidait à peu de chose près avec l'entrée de Justin au collége — il n'avait touché ni son archet ni son violoncelle, et, cependant, il attendait sans se plaindre l'instant où il pourrait, dans la nouvelle chambre qu'on lui destinait et qu'on lui promettait depuis dix-huit mois, reprendre son occupation favorite.

Ce jour tant attendu arriva enfin.

Ce fut une douce surprise pour Justin, lorsqu'il entendit le maître bien-aimé, installé dans son nouveau logement, tirer les premiers accords du violoncelle, cet instrument grave et mélancolique comme une plainte des bois.

Justin tomba dans une profonde extase, et, tant que joua M. Müller, il l'écouta les mains jointes.

A partir de ce moment, Justin ne laissa pas une minute de repos à son vieux professeur qu'il ne lui eût fait part de ces trésors d'harmonie endormis depuis si longtemps, et qui, en s'éveillant, avaient remué toutes les fibres de son âme.

Chaque jour Justin venait prendre sa leçon, c'est-à-dire que, chaque jour, le jeune homme consacrait à la musique le temps qu'il consacrait autrefois à cette récréation qui, du reste, n'avait jamais été qu'un travail déguisé sous les apparences du plaisir.

Alors, on déchiffrait les œuvres des maîtres, on comparait les anciens avec les nouveaux, Porpora avec Weber, Bach avec Mozard, Haydn avec Cimarosa ; on stigmatisait les plagiaires ; on faisait l'histoire de la musique, depuis son commencement, au chant grégorien, jusqu'à Gui d'Arezzo, et depuis Gui d'Arezzo jusqu'à nos jours ; puis, de la musique — mais par manière d'épisode seulement — on revenait à la peinture et à la poésie, ces deux sœurs, enfin, de même que le maître avait conduit autrefois son élève dans les plaines vertes de la science, il le conduisait maintenant dans les plaines azurées de l'art.

Toutes ces semences, jetées par une main douce et savante à la fois dans le cœur de l'enfant, fleurirent et fructifièrent dans cet isolement à deux.

L'isolement a cela de bon, qu'il force l'homme à comprendre l'ineffable douceur qu'il ignorait, à jamais perdue au milieu de cette société égoïste, qui nous dérobe la moitié de notre vie; l'isolement habitue l'homme à faire un perpétuel retour sur lui-même : c'est le recueillement quotidien.

Il y a toute une religion dans la solitude! l'isolement rend les mauvais bons, les bons meilleurs. Dans le silence, Dieu parle au cœur de l'homme; dans la solitude, l'homme parle au cœur de Dieu.

L'isolement à deux est encore mieux que

l'isolement solitaire : l'isolement à deux, c'est un rêve, un conte de fée.

Ce fut le rêve du vieux maître et de son élève, rêve de sept années dont le chagrin vint les tirer en sursaut.

Un matin, un dimanche, un jour du mois de février 1814, la lettre hebdomadaire, la lettre de famille arriva.

Elle était cachetée de noir.

Ce n'était pas l'écriture du père; ce n'était pas l'écriture de la mère.

Le père était-il mort? la mère était-elle morte?

Si l'un des deux survivait, comment

n'était-ce pas celui-là qui annonçait la nouvelle terrible?

Justin décacheta la lettre en tremblant.

Le malheur allait plus loin que le plus triste pressentiment n'eût pu le prévoir.

Les Cosaques avaient ravagé la récolte, pillé les greniers, incendié la ferme; la mère, en se jetant sur le lit de sa fille pour l'arracher aux flammes, avait eu les yeux brûlés.

La mère était aveugle !

Mais le père, lui ! le père, pourquoi n'avait-il pas écrit?

Le père, vieux soldat de la république, avait perdu la tête en voyant l'étendue de son malheur ; il avait pris son fusil, et s'était mis à faire la chasse aux Cosaques.

Il en avait tué neuf.

Mais, au moment où il ajustait le dixième, sans s'apercevoir qu'il était tombé lui-même dans une embuscade, une douzaine de coups de fusils étaient partis à la fois : deux balles lui avaient traversé la poitrine ; une troisième lui avait brisé la tête.

Il était tombé roide mort.

Le maître partagea les regrets de l'écolier ; les larmes du vieillard et de l'enfant se confondirent ; — mais larmes et regrets n'y pouvaient rien : il fallait se quitter.

Justin embrassa une seconde fois son second père ; — le professeur méritait bien ce nom, car si le jeune homme avait reçu du premier la vie du corps, il avait reçu du second la vie de l'âme ; — et les deux amis se séparèrent.

II

La bataille de la vie.

Le père mort, la mère aveugle, la sœur trop jeune encore pour travailler, la maison brûlée, la moisson perdue, que pouvait faire le pauvre Justin? — Un enfant de seize ans!

Il écrivit tout cela à son vieux professeur, en lui demandant conseil.

La réponse ne se fit point attendre.

M. Müller conseillait vivement à Justin de revenir à Paris. Paris n'était-il pas le pays des ressources !

D'ailleurs il serait là, lui, pour l'aider de tout son pouvoir.

Le brave homme était pauvre, mais il était seul sur la terre, et alors il était riche.

Il mit son petit trésor, économie de dix années, à la disposition de Justin, et il l'invita à descendre dans une maison voisine de la sienne.

Il y aurait eu de l'orgueil à refuser : Justin n'en eut pas même l'idée : il accepta.

Ce fut alors qu'il vint s'établir à Paris, dans cette maison du faubourg Saint-Jacques où Jean Robert et Salvator venaient d'entrer.

Il s'installa dans cette misérable salle dont nous avons essayé de donner une idée à nos lecteurs.

Pendant un an, il demanda vainement des leçons de tous côtés.

Chacun riait au nez de ce professeur de quinze ans et demi.

Ce ne fut que la seconde année qu'il

obtint quelques répétitions ; mais le peu d'argent qu'elles rapportaient était loin d'être suffisant pour la nourriture de trois personnes.

Ces répétitions ne lui prenaient que trois heures par jour ; il chercha quelle autre industrie il pourrait exercer.

Il apprit qu'une place de professeur de musique était vacante dans un pensionnat de jeunes filles : il alla se présenter, muni d'une lettre de recommandation de M. Müller pour la maîtresse de la pension.

Il fut reçu à bras ouverts.

Le vieux et bon maître avait mis dans sa lettre que ce serait lui rendre un service

véritable que d'accepter son protégé et de
de lui donner la place vacante. Le jeune
homme en avait besoin, ajoutait-il.

La maîtresse de pension, sachant que le
protégé de M. Müller était pauvre, pensa
qu'elle en aurait bon marché.

Elle lui offrit vingt francs par mois.

Le vieux professeur, qui avait l'orgueil
de son élève, lui conseilla de refuser.

Justin accepta.

Avec ces vingt francs par mois et l'argent des répétitions, on pouvait vivre modestement, très modestement ; mais enfin
la vie matérielle était assurée.

De ce côté, on n'avait donc présentement aucun grave sujet d'inquiétude. Le passé était noir; le présent n'était que sombre.

Où l'inquiétude commençait, c'était quand le nom du cher maître venait à être prononcé dans la maison.

Et l'heure ne sonnait pas une seule fois à l'église Saint-Jacques-du-Haut-Pas, que ce nom ne fût prononcé.

On lui devait le trésor prêté par lui, une somme de mille francs, somme énorme que Justin ne gagnait même pas en une année; comment le rembourser? où trouver du travail?

On en demandait partout.

Nous le répétons, la mère était aveugle, la sœur laborieuse, mais faible de santé, et presque toujours malade.

Un marchand de bois du boulevart Mont-Parnasse avait besoin d'un teneur de livres deux fois par semaine.

Justin se présenta chez lui.

Sa mise, sans être des plus pauvres, était des plus modestes ; le marchand de bois donnait cinquante francs à son prédécesseur, dandy du faubourg, qui venait quand il n'avait plus le sou, ou quand ses bonnes fortunes lui en donnaient le temps.

Le marchand de bois offrit à Justin vingt-cinq francs : Justin accepta.

Avec la plus stricte économie, en glanant sur le nécessaire, il fallait quatre ans à Justin pour compléter les mille francs dont il avait besoin.

Ses leçons de grec et de latin, ses leçons de musique, sa tenue de livres ne lui prenaient pas plus de huit heures par jour.

Il lui restait donc encore quatre heures de jour et douze heures de nuit.

Il se mit en quête de nouveaux élèves et d'un nouvel état. Justin se sentait capable de tout, appuyé sur ce double devoir de soutenir sa mère et sa sœur, de rembourser le bon M. Müller.

Un nouvel état était plus facile à trouver que de nouveaux élèves.

Il le trouva.

A quelques pas de la maison, un peu plus haut dans le faubourg, était une typographie où s'imprimait un journal quotidien; le prote — brave garçon, qui douze ans d'avance, sentait probablement venir 1830 — fatigué de corriger les épreuves des élégies royalistes de son patron, employé supérieur au ministère, le prote, un beau matin, brisa sa chaîne, ouvrit ses ailes et s'envola.

Le propriétaire du journal et l'imprimeur, embarrassés le soir pour faire corriger les épreuves de leur feuille, apprirent que, dans le voisinage, demeurait un jeune homme doué des qualités nécessaires à ce pénible travail.

On lui demanda s'il consentait à accepter cette place.

Cette place, c'était la terre promise pour Justin.

Justin avait le bonheur d'ignorer la politique, dont il n'avait pas eu le temps de s'occuper; autant que son cœur pouvait haïr, il haïssait l'étranger qui avait envahi la France, les Cosaques qui avaient incendié sa ferme, brûlé les yeux de sa mère, tué son père, fait sa sœur orpheline.

Mais d'opinion, il n'en avait point, ou plutôt, pauvre et honnête créature, il n'en avait qu'une seule : Nourrir sa mère et sa sœur; rembourser les mille francs à M. Müller.

On lui fit observer qu'il fallait passer les deux tiers de la nuit ; il accepta.

Quand on lui demanda combien il voulait gagner, il répondit : ce que vous voudrez.

Il entra donc comme prote dans cette imprimerie vers le milieu de l'année 1818.

Un an après, jour pour jour, il avait rendu à son vieux maître les mille francs que celui-ci lui avait prêtés.

Un an après, il avait économisé six cents francs.

Quels beaux rêves faisait le pauvre Justin! il se voyait, au bout de quatre ans, avec une dot de trois mille francs pour sa sœur, et quatre cents francs pour les frais de noce.

Mais lui ? Lui, qu'était-il ? Un ouvrier, un manœuvre, un moulin à travail dont le tictac ne s'arrêtait que deux heures à six heures du matin.

C'est en parlant de ces hommes-là

qu'une bouche sainte a dit : « Travailler c'est prier ! »

Le rêve de Justin eût le sort de tout rêve : — Il s'évanouit.

Justin tomba malade ; la maladie était grave : une méningite le conduisit en huit jours à la porte du tombeau.

Un fièvre typhoïde, qu'elle menait à sa suite, le cloua pendant deux mois dans son lit.

Un proverbe russe dit que les malheurs ne vont que par troupe.

Ce proverbe russe a raison comme s'il était français ou espagnol.

Une fois le pauvre Justin malade, tout lui manqua.

Les leçons de musique furent données à un pianiste en vogue qui n'en avait pas besoin : — Il avait la vogue ; aussi ne venait-il que quand il avait le temps de venir.

La tenue des livres avait été rendue au dandy, qui prétendait s'être amendé.

La feuille royaliste avait fait faillite, tuée par l'acharnement qu'elle avait mis à soutenir la *chambre introuvable.*

Or, comme un prote sans journal était un luxe que le défunt propriétaire ne pouvait se passer, le journal tombé, on remercia le prote.

Restaient les répétitions.

Malheureusement on était arrivé à la saison des vacances, et tous les élèves étaient partis.

Le bon M. Müller était là, par bonheur ; Müller ! la suprême providence de la pauvre famille ; celui qui avait suppléé Dieu, quand Dieu, occupé de la chute d'un empire, avait détourné ses regards de l'humble ferme incendiée.

On venait de lui rendre ses mille francs, on pouvait les lui redemander.

Justin en fit l'objet de sa première sortie, le but de sa première visite.

Il se traîna encore faible, en s'appuyant aux murailles, chez le professeur.

Il le trouva dans sa chambre, assis sur une petite malle qu'il venait de fermer.

— Ah! te voilà, mon garçon, dit-il, je suis bien aise de voir que tu vas mieux.

— Oui, monsieur Müller, répondit Justin, et vous le voyez, ma première visite a été pour vous.

— Merci! Ma foi, j'allais prendre congé de toi, te dire adieu :

— Mais vous partez donc ?... demanda Justin avec inquiétude.

— Oui, mon ami, je vais faire mon grand voyage.

— Quel grand voyage ?

— Je ne t'en ai pas parlé, attendu que si je t'en avais parlé, tu ne m'aurais pas emprunté les mille francs que tu viens de me rendre.

— Mon Dieu !... murmura Justin.

— Je t'ai dit que j'étais de la même ville que le grand, que l'illustre Weber; tout enfants, nous nous sommes connus; jeunes gens, nous nous sommes aimés; homme, je l'ai admiré. Eh bien! je m'étais toujours promis de ne pas mourir sans revoir l'auteur du *Freyschutz* et d'*Obéron*. J'avais à force de travail, tu sais ce que c'est, toi, mis mille francs de côté, pour poser cette couronne de joie et d'orgueil sur ma vieillesse ; j'allais partir, quand tu as eu besoin de mes pauvres mille francs. Bah! j'ai dit, nous sommes encore jeunes, Dieu nous fera vivre assez longtemps, Weber et moi, pour que Justin ait le temps de me rendre les mille francs que je vais lui offrir.

— Cher monsieur Müller!

— Je te les ai offerts, mon enfant, tu les as acceptés, j'ai vu les efforts, pauvre et cher galérien de l'honneur, que tu faisais pour me les rendre, et moi, vieil égoïste, qui aurais dû te dire, travaille moins, tu as le temps, la jeunesse a des ressources, mais il faut les ménager; je ne t'ai rien dit de tout cela, mon pauvre cher enfant, et je t'en demande pardon, je t'ai laissé faire. Il est vrai que j'entendais dire : Le pauvre Weber est malade, on dit la poitrine prise, il n'ira pas loin, sans compter qu'il y avait dans sa musique les derniers soupirs d'une âme qui s'envole. Enfin, à force de privations, tu m'as rendu mes mille francs ; rends-moi la justice de dire que je ne t'en avais jamais parlé.

— Oh ! monsieur Müller.

— Non, je te jure, mon pauvre enfant, j'ai besoin de cela ; à peine les ai-je eus, que je me suis dit : Bon, ce sera pour les vacances, tu comprends, si Weber, que je n'ai pas vu depuis vingt-cinq ans, allait mourir ! Mais, Dieu merci, je l'embrasserai auparavant. Oh! le cher grand homme! J'ai reçu hier une lettre de lui, il est à Dresde, occupé à créer un opéra allemand pour le roi de Saxe. Ce matin j'ai fait ma malle et retenu ma place pour Strasbourg, voilà mon bulletin, ce soir je pars, j'allais sortir pour t'embrasser, mon enfant; tu viens, nous allons déjeûner ensemble.

— Ah! monsieur Müller, murmura Justin d'une voix étouffée, je ne mange pas encore.

— Quel malheur que tu ne puisses pas venir avec moi, c'est impossible, n'est-ce pas?

— Tout à fait impossible.

— Je comprends, tes leçons de musique,

tes répétitions, tes livres en partie double, tes corrections d'épreuves ; tu vas reprendre tout cela.

— Oui, soupira Justin.

Müller était si joyeux qu'il n'entendit pas ce soupir.

Ce soupir, aussi triste que la dernière pensée de Weber, c'était cependant l'adieu à une suprême espérance.

Justin n'aurait eu qu'à dire : J'ai besoin de vos mille francs, cher monsieur Müller, pour remonter vers la santé d'un pas plus rapide, j'ai besoin de vos mille francs pour nourrir ma mère et ma sœur; vous verrez Weber plus tard, ou même vous ne le verrez pas, mais restez ! bon monsieur Müller, restez !

Müller eût peut-être poussé un soupir aussi triste que celui que venait de laisser échapper Justin.

Mais, à coup sûr, il fût resté.

Justin ne dit rien, il embrassa M. Müller, lui dit adieu, rentra chez lui en pleurant et tomba accablé sur son lit.

Le même jour à cinq heures, Müller partit pour Dresde.

Müller parti, on épuisa jusqu'aux dernières ressources.

Justin convalescent fit alors un nouvel

effort, et se présenta pour redemander ses anciennes leçons et des leçons nouvelles.

Mais les deux tiers des parents lui répondirent par ce philanthroique remercîment :

— Vous jouissez d'une trop mauvaise santé.

Ce fut alors que le jeune homme, à bout de tout, presque de courage, presque d'espérance, presque de foi, eut l'idée de créer une école primaire dans ce pauvre faubourg, trop plein d'enfants, trop vide de ressources.

Une brave ouvrière se hasarda d'abord à lui donner son fils, une autre, qui travaillait en journée et qui ne pouvait garder le sien, le lui confia plutôt pour s'en débarrasser que pour lui faire apprendre les quatre règles, une troisième lui en amena deux à la fois, deux jumeaux de sept ans.

Au bout de six mois il avait huit petits écoliers, plus bonds, plus frais et plus roses les uns que les autres.

Mais il était obligé de les garder toute la journée, et ces huit pensionnaires lui rapportaient quarante francs par mois, car nous l'avons dit au commencement de l'autre chapitre, il leur faisait don, pour cinq francs par mois, de toutes les richesses de l'écriture, de la lecture et des quatre règles premières.

C'est encore, du reste, ce l'on paie aujourd'hui aux pauvres maîtres d'école de ces quartiers perdus.

Enfin, au bout de deux années, vers le mois de juin 1820, époque à laquelle commence véritablement ce récit, il était arrivé à avoir dix-huit élèves, ce qui lui faisait mille quatre-vingts francs par an, pour vivre, sa mère, sa sœur et lui, et avec cette somme ils vivaient tous les trois, puisque le mot vivre peut se traduire à la rigueur par cette paraphrase :

Ne pas mourir de faim.

Quant à M. Müller, il était allé à Dresde, il en était revenu. Il avait vu et embrassé Weber, il était resté son mois de vacances tout entier avec lui, et à son retour il avait dit à Justin :

— J'ai dépensé jusqu'au dernier sou de mes mille francs, mais, foi de violoncelliste, je ne les regrette pas.

III

Intérieur de maître d'école

La maison dont Justin occupait le rez-de-chaussée, n'avait au-dessus de ce rez-de-chaussée qu'un étage.

Cet étage se composait de deux chambres et d'un cabinet dont on avait fait une cuisine.

C'est à ce premier étage que demeuraient la mère et la sœur du jeune homme.

Ce corps de logis isolé dans la cour, et ne tenant aux maisons voisines que par une de ses faces, avait selon toute probabilité été bâti pour servir d'habitation au contre-maître de la filature dont on apercevait les ruines à quelques pas de là.

C'est dans cette retraite sombre, insalubre, ne tirant son jour que d'une cour entourée de hauts bâtiments, que dépérissaient une mère, sa fille et son fils.

La mère, pauvre femme frappée de cécité, comme nous avons dit, se tenait dans la première chambre où ses enfants se réunissaient tous les soirs ; elle ne franchissait peut-être pas trois fois par an le seuil de cette chambre.

Pauvre, isolée, privée de la vue, elle était patiente.

On ne l'avait jamais entendue se plaindre, elle avait la sublime résignation d'une matrone antique; elle en pratiquait les austères vertus! Sparte l'eût divinisée, un décret du sénat romain eût ordonné de se découvrir devant elle comme devant une prêtresse de la grande déesse.

La société française la martyrisait.

Oh! cette société française, c'est elle cette fois-ci que nous prenons corps à corps,

Nous savons bien que nous succomberons comme Jacob dans sa lutte avec l'ange. Mais quand nous irons rendre compte à Dieu et que Dieu nous dira: Qu'avez-vous fait? nous lui répondrons:

Il nous était impossible de vaincre; nous avons lutté.

La fille, créature malingre, chétive, sans souffle, fleur des champs, marguerite des prés, muguet des bois transplanté dans une cave; la sœur possédait quelques-unes des solides vertus de sa mère, mais elle était loin d'avoir sa puissance d'abnégation.

Atteinte d'un anévrisme qui menaçait de l'emporter à la première émotion un peu violente qu'elle éprouverait, sentant instinctivement sa jeune existence fermée par le mur d'un cimetière, sa résignation la trahissait parfois ; non pas qu'elle laissât jamais échapper un mot d'amertume, elle était trop chrétienne pour cela ; mais elle se laissait pour ainsi dire briser intérieurement : ses désespoirs étaient en elle, de temps en temps son front couleur d'ivoire en portait l'empreinte, et sa mère avec les yeux du cœur apercevait ces sinistres traces.

Le fils occupé du matin au soir à sa classe, ne pouvait que bien rarement dans la journée monter voir les deux femmes.

Cette joie lui était donnée seulement

lorsque le vieux professeur venait lui rendre visite et consentait à le remplacer, pendant une heure, dans la surveillance des élèves.

L'école ouvrait à huit heures du matin et fermait à six heures du soir en été.

Elle ouvrait à neuf heures du matin et fermait à cinq heures du soir en hiver.

Presque tous les enfants étaient fils d'ouvriers du faubourg, destinés à apprendre un jour ou l'autre l'état de leur père ; ceux-là n'avaient donc pas besoin de faire des études de latin et de grec.

Mais il y en avait deux dans le nombre que le père, ancien ouvrier mécanicien devenu patron aisé, destinait l'un à l'École polytechnique, l'autre à l'École des Arts et Métiers.

On devait les mettre au collége dès qu'ils auraient atteint leur douzième année. Ils avaient encore l'un deux ans, l'autre trois devant eux. Justin, les voyant doués de facultés merveilleuses, féconda ces beaux germes, et leur communiqua, pauvre Prométhée, un peu de ce feu sacré que le vieux professeur avait allumé en lui.

Excepté ces deux enfants qui lui rappelaient un peu les hautes études, les autres marmots ne voulaient apprendre, et leurs parents ne voulaient qu'on leur apprît que les simples éléments énoncés au programme.

Il résultait de ce peu d'exigence à l'endroit de l'enseignement, que la mère et la sœur pouvaient aider le jeune homme et le suppléer au besoin.

Quand la sœur était bien portante, elle descendait dans la chambre de Justin, qui, nous l'avons dit, servait d'école. Et tandis que le fils allait pendant quelques instants tenir compagnie à sa mère, elle faisait lire les enfants et leur apprenait à compter jusqu'à cent, en dessinant les chiffres sur le tableau avec de la craie.

Chaque jour, la mère recevait le tiers de la classe dans sa chambre, c'est-à-dire six petits enfants. C'était la mise en action du *sinite ad me venire par vulos ;* ces six enfants s'agenouillaient autour du fauteuil de paille où elle était assise. Elle leur apprenait à dire leur prière, et leur racontait quelque touchant épisode de l'Ancien Testament.

C'était un adorable spectacle que ces six têtes blondes et ces douze lèvres roses entr'ouvertes uniformément pour marmotter des prières.

Ainsi agenouillés, on eût dit qu'ils mettaient en commun leur innocence, pour demander à Dieu de rendre la vue à la pauvre infirme.

Telle fut, jusqu'au mois de juin de l'année 1821, la vie recluse et triste que mena cette petite famille.

Excepté le bon vieux professeur qui venait souvent passer quelques heures avec eux, rien ne troubla le cours de cette existence paisible, unie comme une plaine, monotone comme elle.

Parfois, en été, on se permettait une promenade : en ce cas, c'était d'habitude du côté de Montrouge qu'on se dirigeait.

Hélas! on avait dit adieu aux bois de Versailles, de Meudon et de Montmorency, aux tapis verts, pour les rebords de fossés desséchés et crayeux. La mère et la sœur ne pouvaient pas, l'une aveugle, l'autre faible, faire ces longues promenades qu'accomplissaient un homme de quarante-cinq ans et un enfant de douze.

Les grandes courses atteignaient Montrouge, mais le plus habituellement on s'arrêtait aux deux tiers ou à moitié du chemin; on s'asseyait au revers de la route, et pendant une heure ou deux, on empruntait au soleil de la lumière et de la chaleur pour toute la journée.

En hiver, on se rapprochait d'un petit poêle de faïence, dans lequel on mettait religieusement deux petites bûches pour toute la soirée, qui se terminait à neuf heures.

Il y avait bien une cheminée, mais immense, et dans laquelle on eût brûlé une voie de bois tous les huit jours.

On l'avait bouchée; quand les cheminées ne tiennent pas chaud, elles tiennent froid.

Si M. Müller arrivait vers neuf heures, on proposait invariablement de mettre une bûche au feu ; mais, invariablement aussi, le bon vieux professeur refusait, sous prétexte qu'il était en nage ; et, à partir de ce moment, on se serrait un peu plus les uns contre les autres, autour du poêle inutile.

Le brave homme alors, pour faire oublier l'absence du feu, essayait de raconter quelque histoire plaisante, comme faisait madame veuve Scarron pour faire oublier l'absence du rôti ; et sa gaîté réchauffait ses auditeurs comme un rayon bienfaisant.

La gaîté, c'est le soleil qui brille de temps en temps sur l'hiver de la pauvreté !

Ce fut durant ces deux dernières années surtout, que Justin apprécia les bienfaits de la musique.

Dès que neuf heures étaient sonnées, et que l'on s'était rassuré par la dernière vibration de l'horloge de Saint-Jacques du Haut-Pas que la soirée se passerait sans la visite de M. Müller, Justin embrassait sa mère et sa sœur, et descendait dans sa chambre.

Arrivé là, il allumait une chandelle, supportée par un chandelier scellé à un pupître, ouvrait sur ce pupître un vieux livre de musique, sortait son violoncelle de sa boîte, l'époussetait soigneusement avec son mouchoir, le regardait, le serrait dans ses bras comme un ami.

Eh! mon Dieu! n'était-ce pas un ami, en effet? n'était-ce pas la voix divine qui exhalait, en les formulant harmonieusement, toutes les plaintes intimes du jeune homme, muettes pendant tout le reste du temps, et qui n'avaient que ces deux heures pour se répandre?

N'était-ce pas la source bienfaisante où s'abreuvait ce cœur altéré?

N'était-ce pas un autre lui-même, un miroir parlant, que cet instrument sonore auquel il racontait ses peines, et qui les reproduisait comme un fidèle écho?

N'ayant pour toute famille qu'une mère aveugle et une sœur malade, pour seul compagnon que son vieux maître, pour horizon que les murailles nues de sa chambre, il s'était fait de son violoncelle un ami jeune, une famille, une patrie.

Il respirait ainsi le soir, pendant deux heures, l'air vivifiant qui lui avait manqué toute la journée.

Mais peu à peu son atmosphère, malgré les harmonieuses vibrations de l'instrument bien-aimé, devint plus lourde, l'air plus rare commença de lui faire défaut, il tomba à son insu dans une mélancolie profonde dont M. Müller s'aperçut bientôt, dont il chercha opiniâtrement à le tirer.

— Tu vieilliras avant l'âge, lui disait-il, tu te faneras dans tes belles années ; il faut sortir, voir un peu de monde, coudoyer du moins la vie, si tu ne peux pas t'y mêler ; voici la saison des vacances qui approche, il faudra que nous fassions une petite excursion ensemble. Apprête-toi ; le 15 août, je viendrai te chercher.

Il se fanait, en effet, dans ses plus belles années, le pauvre maître d'école ; son œil devenait terne, ses joues se creusaient, son front se couvrait de rides, sa peau devenait jaune comme le parchemin qui reliait ses vieux livres. On eût cru qu'il avait trente ans accomplis, et cependant il entrait à peine dans sa vingt-troisième année. Mais tout contribuait à le vieillir : les gens avec lesquels ils vivait, la chambre où il habitait. Son visage, sa tournure, sa démarche, sa voix, toute sa personne enfin, empruntaient à ceux qui l'entouraient et à tous les objets environnants, leur vieillesse et leur pauvreté.

Il eût inévitablement succombé, si un nouveau chagrin ne fût venu le secouer et le rendre homœopathiquement — le mot n'était pas encore inventé, mais tout ce qui doit être inventé existe d'avance — et n'était venu le rendre homœopathiquement à la vie.

Hélas! il en est de la douleur comme de certaines maladies : on guérit les unes par les autres.

Justin gagnait, nous l'avons dit, mille quatre-vingts francs par an, et avec cette somme si minime, on était à l'abri des plus pressants besoins ; mais pouvait-on économiser quelque chose sur ce pauvre revenu ?

Ne poussait-on pas déjà l'économie jusqu'à la privation.

Il faut sinon voir, du moins coudoyer le monde, disait le vieux maître.

C'était bien facile à dire.

Mais était-ce possible à faire, avec ce même vêtement usé jusqu'à la corde, que l'on portait depuis quatre années, été comme hiver?

Le trousseau tout entier de la maison était d'ailleurs à renouveler comme celui de Justin.

La sœur avait fait des prodiges de reprises sur toute la lingerie; les draps de la mère étaient un chef-d'œuvre de ravaudage, les bas du frère étaient du sommet à la base un merveilleux ouvrage de marqueterie et de mosaïque. On s'était bien promis de ne rien acheter avant d'en arriver à la dernière extrémité, mais on en était arrivé là;

tout le linge rapiécé, reprisé, ravaudé, qu'on n'aurait jamais abandonné, il les abandonnait, lui, car il en est du linge comme des amis, avait dit le vieux professeur, en citant le vers si connu :

Donec eris felix mullos numerabis amicos.

— Tant que vous n'avez pas besoin de bas, avait-il dit, vous en avez, et réciproquement.

— Ayez-en besoin, ils vous manquent.

On avait souri à la boutade du bon maître, mais tristement.

Il fallut donc se mettre encore une fois à la recherche d'une industrie quelconque, et surtout il fallait se presser, car le moment allait venir où l'on sera trop mal vêtu pour courir après elle.

Et attendre qu'elle vînt, on risquait d'attendre trop longtemps.

Justin s'en alla donc frapper à toutes les portes.

La majeure partie des portes resta fermée, quelques-unes s'ouvrirent pour laisser passer un refus.

On se promenait le soir, n'osant plus se promener dans la journée.

Un soir donc que Justin se promenait du côté de la barrière du Maine, attendant son vieux professeur, avec lequel il devait aller chez une dame dont le fils demandait une répétition, il entendit au-dessus de lui, dans un de ces grands cabarets qui font guinguette, une dispute entre le contrebassiste et le second violon.

D'où venait cette dispute? à quelle source remontait-elle? La chose resta inconnue à Justin, qui n'y faisait pas plus d'attention d'ailleurs qu'à une chose sans intérêt pour lui, quand ces mots vinrent frapper son oreille.

— Monsieur Duruflé, disait le contrebassiste, je jure, après ce qui vient de se passer, de ne jamais mettre les pieds dans la même maison que vous, et la preuve c'est que je sors d'ici à l'instant même.

Et en effet le contrebassiste sortit d'un pas rapide, sa contrebasse sous le bras, et espadonnant de son archet comme d'un glaive flamboyant.

Il fallait qu'il se fût passé, en effet, quelque chose de bien grave entre le second violon et lui.

— Oh! fit tout à coup Justin, oh!...

Et il se frappa le front.

C'était une idée qui lui venait.

En même temps que cette idée lui venait par la fenêtre du cabaret, M. Müller, de son côté, arrivait par l'extrémité de la rue.

IV

De musicien ménétrier.

Justin attendit son professeur sans faire un pas pour aller au-devant de lui. On eût dit qu'en quittant sa place, il avait peur de perdre son idée.

Il lui raconta ce qui venait de se passer.

— Ah ! ah ! dit le vieux professeur, une place vacante, mais...

Tout à coup à lui aussi il lui vint une idée : c'est que cette place de contrebassiste dans une guinguette, si répugnante qu'elle fût, aurait cela d'avantageux qu'elle romprait la monotomie de la vie du jeune homme.

En outre, le produit serait d'un grand soulagement pour la pauvre famille.

— Mais, ajouta-t-il, changeant complétement le second membre de sa phrase, mais voudra-t-on vous la donner ?

— Je l'espère, répondit modestement Justin.

— Je crois bien, dit le père Müller, ou ils seraient diablement difficiles.

— Eh bien! je vais entrer et m'informer.

— J'entre et je m'informe avec vous, dit le bon professeur.

On pense bien que Justin accepta l'offre avec joie.

On comprend facilement l'effet que produisit, dans un pareil bastringue, l'entrée de ce jeune homme sérieux et de ce grave vieillard, tous deux vêtus de noir.

Les danseurs les montrèrent du doigt à leurs danseuses en éclatant de rire.

Les deux amis ne s'aperçurent point de cette hilarité, si générale qu'elle fût, ou ne firent pas semblant de s'en apercevoir.

Ils demandèrent à l'un des garçons à parler au maître de l'établissement.

Un gros bonhomme de cabaretier, rond comme Silène, plus rouge que le vin qu'il servait à ses pratiques, arriva d'un air empressé, croyant sans doute qu'il s'agissait de quelque commande importante.

Les deux amis lui adressèrent timidement leur requête.

Et quand on pense que le cœur d'un homme intelligent, d'un artiste, d'un fils qui nourrissait sa mère, d'un frère qui nourrissait sa sœur, d'un citoyen utile et précieux, enfin, battait à l'idée d'un refus à cette demande d'être ménétrier dans une guinguette.

— Hélas! c'est que tout est relatif en ce monde.

Cette place accordée se traduisait par un pantalon et un habit noir pour lui, par une douillette pour sa mère, par une robe pour sa sœur.

Oh! riez, riez, vous qui n'avez jamais eu à craindre la faim ou le froid pour des êtres chéris, mais pour moi qui ai eu aussi une mère et un fils à nourrir avec cent francs par mois, rire est un sacrilége.

Les deux amis exposèrent donc timidement leur requête.

Le cabaretier répondit que ce n'était point son affaire, mais celle du chef d'orchestre.

Il offrit, au reste, d'aller lui soumettre la demande du jeune homme, ce qui fut accepté, et au bout de cinq minutes il rapporta cette réponse satisfaisante, que Justin, pourvu qu'il remplit les conditions de science nécessaires à l'important emploi de contrebassiste à la barrière, pouvait entrer en fonctions à l'instant même, moyennant trois francs le cachet.

Il y avait bal trois fois par semaine,

cela faisait donc trente-six francs par mois.

C'était à peu près ce que lui avaient rapporté ses huit premiers élèves.

C'était donc le Pérou, on disait encore le Pérou en 1821. Aujourd'hui on dit la Californie. C'était donc le Pérou pour lui, que cette place. Aussi accepta-t-il, ne demandant que le temps d'aller chercher son violoncelle au faubourg Saint-Jacques.

Mais il lui fut répondu que c'était inutile.

On avait prévu la désertion du contrebassiste et on s'était muni d'une contrebasse, dont à la rigueur eût joué le second violon; un contrebassiste s'offrait à la place de celui qui venait de partir, tout était donc pour le mieux, comme dans le monde de Candide.

Justin fut enchanté au fond du cœur que son violoncelle, instrument vierge, pieux et solitaire, échappât à la profanation dont il avait été menacé.

Le jeune homme remercia M. Müller et voulut le renvoyer ; mais le bon professeur déclara qu'il assisterait aux débuts de son élève, et, pour l'encourager par sa présence, ne quitterait l'établissement que le bal fini.

Justin serra la main du bon professeur, se fit apporter sa contrebasse et alla prendre sa place à l'orchestre, au grand ébahissement des spectateurs, qui, tout prêts à le siffler à son entrée, étaient presque tentés de l'applaudir.

C'était un tableau digne d'un peintre de genre que cet orchestre, s'il est permis de donner ce nom prétentieux à la réunion des huit sourds qui exécutaient les airs infernaux au son desquels dansaient les trois ou quatre cents personnes composant les habitués de la susdite guinguette; c'était, disons-nous, un tableau digne d'un peintre de genre que les exécutants faisant partie de cet orchestre, avec lesquels se trouvait confondu un jeune homme grave et sérieux comme le pauvre Justin.

Il avait l'air d'un musicien martyr, jouant

la corde au cou pour le divertissement d'un peuple de païens.

Sa figure, éclairée par les quinquets accrochés au-dessus de sa tête, apparaissait dans toute son expression.

Justin était loin d'être beau, le pauvre garçon ! mais on sentait que l'air souffreteux qui donnait le ton à toute cette physionomie, était la cause réelle, ou plutôt la seule cause qui enlaidît son visage ; que l'illumination des joies les plus simples vînt à passer sur ce front, qu'un pur sentiment de bonheur ou de plaisir brillât dans ses yeux ; qu'un sourire entrouvrît ses lèvres, et certainement ce visage, à défaut de beauté, devait avoir une douceur angélique et une grande distinction.

Aux prises qu'il était des deux mains avec une contrebasse d'une taille double de son violoncelle, avec ses longs cheveux retombant sur son front quand la mesure était pressée, avec ses grands yeux bleus vagues, noyés, onduleux, avec cet air de langueur répandu sur toute sa personne, il devait nécessairement inspirer à quiconque l'eût vu en cet instant un profond intérêt, une puissante sympathie.

Figurez-vous Liszt, jeune d'âge, beau d'inspiration.

Eh bien! notre maître d'école Justin était cela.

Après la contredanse, le chef d'orchestre lui fit les compliments les plus sincères, et ses confrères, les instrumentistes, l'applaudirent.

Danseurs et danseuses battirent des mains.

Le bon vieux professeur ne se possédait pas, il battait des mains, trépignait, pleurait de joie!

Tant il est vrai que le triomphe est toujours le triomphe, quels que soient ceux qui le décernent.

Seulement à onze heures, Justin s'informa jusqu'à quelle heure durerait le bal.

On lui répondit, parfois jusqu'à deux heures du matin.

Alors, il fit un petit signe au bon père Müller.

Celui-ci accourut.

Il s'agissait d'aller prévenir la mère et la sœur, qui devaient être d'une inquiétude mortelle : jamais Justin n'était resté dehors passé dix heures.

Le bon professeur comprit la situation ; il mit ses jambes à son cou, et trouva madame Corby, c'était le nom de la mère de Justin, que nous avons l'honneur de prononcer pour la première fois, et trouva madame Corby et sa fille en prières.

— Eh bien ! dit-il en entrant, vos prières sont exaucées, chère fille, sainte femme, Justin a trouvé une place de trente-six francs par mois.

Les deux femmes poussèrent à l'unisson un cri de joie.

Le professeur leur raconta l'aventure.

Avec ce sentiment de parfaite délicatesse que possèdent en général les femmes, madame Corby et sa fille comprirent l'étendue du sacrifice que leur fils et leur frère faisait aux exigences de la situation.

— Bon et cher Justin! murmurèrent-elles.

Et y avait dans leur voix un accent si tendre, qu'il était presque plaintif,

— Oh! ne vous apitoyez pas sur lui, dit le professeur, c'est un triomphe! Il est beau! Il est magnifique!!! Il ressemble à Weber quand il était jeune.

Et ceci dit, comme Müller n'en aurait pas su en dire davantage, il laissa les deux femmes pour retourner à la guinguette.

Il ne quitta la barrière qu'avec son cher élève, c'est-à-dire à deux heures du matin.

Ils trouvèrent les verroux de la porte de la rue tirés par les soins de la sœur de Justin.

A la fin du mois, Justin avait joué douze fois et avait touché trente-six francs,

On put donc, avec ces trente-six francs, acheter les objets de première nécessité.

Et maintenant, nous croyons avoir suffisamment montré à nos lecteurs tout ce qu'il y a de foncièrement bon et honnête dans le cœur de notre héros : nous nous bornerons donc à ajouter quelques mots pour compléter la peinture de son caractère.

Ce caractère, au reste, dans tout son ensemble, était facile à définir en un seul mot.

C'était ce mot à l'aide duquel Salvator avait résumé à Jean Robert la mélodie qu'exécutait Justin :

RÉSIGNATION.

Ajoutons que si cette vertu, vertu un peu négative, prenait jamais une figure humaine pour descendre sur la terre, elle n'en choisirait certes pas d'autre que celle du résigné Justin.

Eh bien ! voyons, qu'on nous permette de faire un peu d'analyse, nous avons devant nous dix volumes, vingt, si dix ne nous suffisent pas, et d'ailleurs ce n'est pas une aventure que nous racontons ; c'est l'histoire d'un cœur souffrant; fouillons dans ce cœur jusque dans ses replis les plus cachés. Voyons, dirons-nous, ce que va devenir ce caractère si bien trempé par le malheur; voyons ce qu'il va devenir devant un bonheur immense ou une douleur infinie.

Résistera-t-il? ou va-t-il se briser?

Croyez-nous, cher lecteur, il y a pour les plus froids une étude palpitante là-dessous.

Voici un jeune homme vierge dans toute l'acception du mot; il a vécu jusqu'ici comme les oiseaux du ciel, allant chercher, d'aire en aire, de plaine en plaine le grain qu'il rapportait à son nid. Jusqu'aujourd'hui sa seule pensée, son soin unique a été de satisfaire les besoins matériels de la vie : au prix de ses veilles, au prix de ses sueurs, au prix de son sang, il est parvenu à donner à sa pauvre famille, toujours l'existence, parfois même une sorte de bien-être.

Pour lui, qu'a-t-il fait?

Rien !

Seul au monde, s'il n'eût eu ni mère ni sœur, n'eût-il pas trouvé le moyen de continuer ses études ; de se faire recevoir bachelier, licencié, agrégé, qui sait, docteur peut-être ; et maintenant, au lieu de quelque chaire de faculté où il parvenait par son labeur, au lieu du rang honorable où le plaçait cette persistance, qui est un des caractères distinctifs de sa nature dévouée, le voilà enfoui dans une sorte de casemate où le devoir l'a cloué, où la piété filiale l'étreint.

Oh ! certes, ce n'est pas nous, qui avons tant aimé notre mère et qui étions si tendrement aimé d'elle, qui nous plaindrons jamais de la famille.

Mais lorsque la famille, qui, à la suite d'un grand malheur, devait recevoir secours de la société, abandonnée par elle à la misère pareille à une machine pneumatique, absorbera l'air d'un de ses membres, si nous ne nous plaignons pas tout haut, nul ne saurait au moins nous empêcher de gémir tout bas.

C'était donc de sa famille que venait tout le malheur de Justin, et cependant, cœur d'or, rien ne lui eût causé un plus profond désespoir que cette seule idée, que cette famille aurait pu ne pas exister.

Et cependant, comment pouvait-il sortir de là?

Justin n'en voulait pas sortir. Il voulait

continuer de vivre demain, comme il avait vécu hier ; comme il avait dévoué son adolescence, il dévouait sa jeunesse, il dévouerait son âge mûr, il dévouerait sa vie !

Mais l'âge arriverait pour lui de se marier.

Une jeune femme lui apporterait au milieu de ce désert, au lieu de cette aridité, toutes les gaîtés, toutes les joies, tous les enivrements de la jeunesse.

Mais où la trouver cette femme bénie, cette Rachel adorée ?

Avait-on dix ans de temps et de travail à donner à Laban ?

Quel monde voyait-on ?

Suffisait-il de se mettre à la fenêtre pour voir dans le lointain cette terre promise des jeunes gens qu'on appelle une jeune fille ?

Et puis, au fond, l'honnête et scrupuleux Justin courait-il se marier ?

Sa conscience ne lui disait-elle pas que le mariage est un contrat qui lie les âmes aussi bien que les mains ?

Et son âme lui appartenait-elle ?

Ses mains étaient-elles à lui ?

Était-il libre d'amener une étrangère au foyer maternel ? et ce qu'il aurait donné de tendresse à son épouse, ne l'eût-il pas enlevé à sa mère et à sa sœur?

Voilà pour l'âme.

La femme, n'absorberait-elle pas dans les exigences de sa jeunesse, de sa coquetterie, de sa toilette, une portion de l'infime revenu?

Voilà pour les mains.

Non, le mariage même n'était pas un moyen de remédier à cette profonde infortune?

Il fallait donc faire éternellement abnégation de soi-même?

C'est ce que faisait Justin.

Mourir à la peine peut-être ?

C'est ce qu'il était prêt à faire.

Ou tout attendre de la bonté de Dieu.

Hélas ! Dieu n'avait point jusque-là gâté la pauvre famille ; et, sans sacrilége, il lui était bien permis de douter !

Ce fut pourtant la main de Dieu qui tira Justin de cet abîme.

Un soir du mois de juin, qu'après une de ces journées de soleil, où tout est fête dans la nature, Justin revenait avec son vieux maître d'une excursion dans la plaine de Montrouge ; le jeune homme aperçut couchée dans les blés, les coquelicots et les bluets, une petite fille de neuf à dix ans, qui paraissait dormir profondément.

Dieu, sous la forme de cette petite fille, lui envoyait un de ses anges, en récompense de sa sublime vertu.

V

La chaîne du bon Dieu.

La petite fille qu'ils aperçurent ainsi à leur grand étonnement, et devant laquelle ils s'arrêtèrent, regardant inutilement pour lui trouver un père ou une mère; la petite fille était vêtue d'une robe blanche, serrée autour de la taille par un ruban bleu.

Elle était blonde et rose, et ainsi couchée au milieu des épis déjà jaunissants, des bluets et des coquelicots, qui, dressés autour d'elle, formaient comme un berceau au-dessus de sa tête, elle avait l'air d'une petite sainte dans sa niche, ou d'une colombe dans son nid.

Ses petits pieds, chaussés de brodequins bleus, pendaient au bord du fossé de la route avec un abandon qui dénotait chez la pauvre enfant une profonde lassitude.

On eût dit la fée de la moisson se reposant des fatigues du jour pendant la douce veillée de la lune, qui, en parcourant sa route céleste, la regardait avec amour.

Sa respiration, quoique un peu pressée, était douce comme la plus douce brise de l'orient ; et sous ce souffle pur se balançait avec coquetterie le panache mobile des blés.

Les deux amis eussent passé la nuit à regarder dormir cette adorable enfant, tant cette tête blonde et fraîche leur causait de ravissement. Mais ils furent promptement tirés de leur contemplation par l'inquiétude que leur donna la pensée des dangers que courait, dans son isolement, ce charmant petit être.

Quelle femme était donc sa mère, qu'on.

cherchait vainement des yeux? Et comment laissait-elle couchée en plein champ, en pleine nuit, exposée aux vents et à l'humidité, ce corps si frêle et si délicat?

La pauvre petite devait être là déjà depuis longtemps : son sommeil l'attestait ; d'ailleurs les deux amis, qui avaient l'habitude de s'arrêter au milieu de leur marche, toutes les fois qu'un point en discussion leur paraissait difficile à établir, les deux amis s'étaient arrêtés à quelques pas de là, avaient discuté un quart d'heure, à peu près, sur ce point, qui méritait bien en effet d'être éclairé, et qui cependant était demeuré dans l'obscurité.

La beauté du visage emprunte-t-elle

oui ou non quelque chose à la beauté de l'âme?

Et les deux amis n'avaient, pendant ce quart d'heure, ni vu ni entendu personne.

Mais où était donc la mère de cette petite fille ?

Au reste, peut-être ses parents, fatigués d'une longue promenade, car les brodequins de la petite étaient couverts de poussière, se reposaient-ils dans les blés voisins.

Justin et M. Müller avaient déjà regardé autour d'eux inutilement, mais ils étaient tellement convaincus que la mère de la petite fille ne pouvait être plus loin d'elle qu'une fauvette ne peut l'être de son nid, qu'ils regardèrent encore.

Rien !

Il entrèrent alors dans le champ, se tenant sur la pointe du pied, marchant doucement de peur de réveiller l'enfant.

Ils sillonnèrent la plaine dans toute sa longueur, dans toute sa largeur.

Ils en firent le tour comme un piqueur fait d'une enceinte où il y a un gibier quelconque remisé.

Rien !

Ils revinrent s'asseoir devant elle, et attendirent une heure.

Rien !

Enfin, ils se décidèrent à réveiller la petite.

Elle ouvrit deux grands yeux d'azur fixes et surpris.

On eût dit deux bluets vivants.

Elle regarda les deux hommes sans effroi, presque sans étonnement.

— Que fais-tu donc là, mon enfant? demanda M. Müller.

— Mais je me repose, répondit-elle.

— Comment, tu te reposes? s'écrièrent à la fois les deux hommes.

— Oui, j'étais bien fatiguée, je ne pouvais plus marcher, je me suis couchée là et me suis endormie.

Ainsi le premier cri de cette enfant réveillée par des étrangers n'était point d'appeler sa mère!

— Vous dites que vous étiez bien fatiguée, ma petite? répéta M. Müller.

— Oh! oui, monsieur, dit l'enfant en secouant sa tête pour remettre en place les boucles blondes de ses cheveux.

—Vous avez donc fait une longue route? demanda le maître d'école.

— Oh! oui, bien longue, répondit l'enfant.

— Où sont donc vos parents ? demanda le vieux professeur.

— Mes parents ? fit la petite fille en se mettant sur son séant et en les regardant d'un air ébahi, comme s'ils lui eussent parlé des choses d'un monde inconnu.

— Oui, vos parents ? répéta Justin avec douceur.

— Mais je n'ai point de parents, dit simplement la petite fille avec le même ton qu'elle eût dit :

— Je ne sais pas de quoi vous voulez me parler.

Les deux amis se regardèrent avec

étonnement, puis la regardèrent, elle, avec commisération.

— Comment, vous n'avez point de parents? insista le vieux professeur.

— Non, monsieur.

— Où est donc votre père?

— Je n'en ai pas.

— Votre mère?

— Je n'en ai pas.

— Qui vous a élevée?

— Ma nourrice.

— Où est-elle?

— Elle est dans la terre.

Et la petite fille, en prononçant ces derniers mots, fondit en larmes, mais sans pousser un seul cri.

Les deux amis, attendris, se retournèrent chacun d'un côté pour se cacher l'un à l'autre qu'ils pleuraient.

L'enfant se tenait immobile, et semblait attendre de nouvelles questions.

— Comment vous trouvez-vous ici toute seule? demanda M. Müller après une pause d'un moment.

Elle essuya alors ses yeux avec le dos de ses deux petites mains; sa lèvre inférieure, avancée et arrondie en avant, pour recevoir, comme le calice d'une fleur, la rosée de ses larmes, se referma et reprit sa place.

Puis elle répondit d'une voix tremblante :

— Je viens du pays.

— De quel pays?

— De la Bouille.

— Près de Rouen? demanda Justin avec joie, comme si, étant lui-même des environs de Rouen, il eût été enchanté d'être le compatriote de cette jolie enfant.

— Oui, monsieur, dit-elle.

En effet, c'était bien là un frais enfant de Normandie, aux joues rebondies et potelées, une petite fille blanche et rose, un vrai pommier en fleur.

— Mais, enfin, qui vous a amenée ici? demanda le vieux maître.

— J'y suis venue toute seule.

— A pied?

— Non, en voiture jusqu'à Paris.

— Comment, jusqu'à Paris?

— Oui, et à pied de Paris jusqu'ici.

— Et où alliez-vous?

— J'allais dans un faubourg de Paris qu'on appelle le faubourg Saint-Jacques.

— Et qu'alliez-vous faire là ?

— J'allais porter au frère de ma nourrice une lettre du curé de chez nous.

— Pour que le frère de votre nourrice vous recueillît chez lui, sans doute ?

— Oui, monsieur.

— Eh bien ! comment se fait-il, mon enfant, que vous vous trouviez ici ?

— Parce que la diligence est arrivée en retard, à ce que l'on a dit; de sorte que tout le monde était couché dans le faubourg. Alors, j'ai vu la barrière; j'ai pensé qu'il y avait des champs tout près; je me suis mise à les chercher, et j'ai trouvé celui-ci.

— De façon que vous étiez là en attendant le matin, pour vous rendre chez la personne à laquelle vous êtes recommandée.

— Oui, monsieur, c'est bien cela : je voulais veiller en attendant le jour; mais voilà deux nuits que je ne me suis pas couchée; j'étais lasse, je me suis étendue malgré moi à terre, et, aussitôt étendue, je me suis endormie.

— Vous n'avez pas peur, couchée ainsi en plein air?

— De quoi voulez-vous que j'aie peur? demanda la petite fille avec cette confiance superbe des aveugles et des enfants, qui, ne voyant rien, ne sauraient rien craindre.

— Mais, dit M. Müller, stupéfait du sens droit avec lequel étaient faites toutes ces réponses, ne craignez-vous pas, au moins, le froid, l'humidité ?

— Oh ! répondit-elle, est-ce que les oiseaux et les fleurs ne couchent pas dans les champs ?

— Tant de naïve raison dans un enfant de cet âge, tant de grâce, tant de misère, émurent profondément le cœur des deux amis.

C'était la Providence elle-même qui avait mis là cet enfant pour consoler Justin, en lui montrant qu'il y avait, sous le dôme étoilé des cieux, des créatures encore plus déshéritées que lui.

Ils n'eurent besoin de se consulter ni l'un ni l'autre pour se décider sur le parti à prendre; tous deux en même temps offrirent à la petite de l'emmener.

Mais l'enfant refusa.

— Merci, mes bons messieurs, dit-elle; ce n'est pas pour vous que j'ai une lettre.

— N'importe, dit Justin, venez toujours jusqu'à demain; et, demain, à l'heure que vous voudrez, mon enfant, vous irez chez le frère de votre nourrice.

Et, en même temps, le jeune homme offrait la main à l'orpheline pour l'aider à franchir le fossé.

Mais la petite fille refusa de nouveau, et

répondit en regardant la lune, cette horloge des pauvres :

— Il est minuit à peu près ; le jour va venir dans trois heures ; ce n'est pas la peine de vous déranger pour moi.

— Je vous assure que vous ne nous dérangez pas, répondit Justin, la main toujours étendue vers elle.

— Et puis, ajouta le professeur, si un détachement de gendarmes passait, vous seriez arrêtée.

— Pourquoi m'arrêterait-on? répondit la jeune fille avec cette logique de l'enfance qui embarrasse parfois les plus habiles jurisconsultes. Je n'ai fait de mal à personne!

— On vous arrêterait, mon enfant, reprit Justin, parce que l'on vous prendrait pour un de ces méchants petits enfants qu'on appelle vagabonds, et qu'on arrête la nuit. Venez donc.

Mais Justin n'avait plus besoin de dire : « Venez donc ! » En entendant le mot *vagabond*, l'enfant avait sauté le fossé, et, les mains jointes, l'air effrayé, la voix suppliante, elle disait aux deux amis :

— Oh ! emmenez-moi, mes bons messieurs ! emmenez-moi !

— Certainement, ma belle enfant, que nous allons vous emmener, dit le professeur ; certainement que nous allons vous emmener.

— Bien! bien! dit Justin. Alors, venez vite! je vais vous conduire chez ma mère et chez ma sœur; elles sont bien bonnes toutes les deux; elles vous feront souper, et, ensuite, elles vous coucheront bien chaudement... Peut-être n'avez-vous pas mangé depuis longtemps?

— Je n'ai pas mangé depuis ce matin, dit-elle.

— Oh! la pauvre petite! s'écria avec autant d'horreur que de charité le vieux professeur, dont les quatre repas par jour étaient mathématiquement réglés.

La petite fille se trompa au sens de l'exclamation à la fois égoïste et compatissante du bon Müller; elle crut que l'on accusait le curé qui l'avait mise en diligence de l'avoir laissé manquer de provisions; elle s'empressa donc de le justifier.

— Oh! c'est ma faute, dit-elle; j'avais du pain et des cerises, mais le cœur si gros, que je n'ai pas pu manger... Et, tenez, ajouta-t-elle, en ramenant un petit panier caché près d'elle dans le blé, et où se trouvaient, en effet, des cerises un peu fanées et du pain un peu sec — en voilà la preuve!

— Vous devez être trop fatiguée pour pouvoir marcher, dit Justin à l'enfant; je vais vous porter.

— Oh! non, répondit-elle bravement,

je ferais bien encore une lieue de pays à pied.

Les deux amis n'en voulurent rien croire, et, malgré ses refus réitérés, ils avancèrent leurs deux bras en croix, s'enchaînèrent par les mains, et, après qu'elle eut passé chacun de ses bras autour du cou de chacun d'eux, ils l'enlevèrent jusqu'à la hauteur de leur ceinture, et s'apprêtèrent à l'emporter sur ce palanquin de chair humaine que les enfants désignent sous le nom expressif de *chaîne du bon Dieu*.

Mais au moment de se mettre en route, l'enfant les arrêta.

— Mon Dieu, dit-elle, j'ai donc perdu la tête ?

— Qu'y a-t-il, mon enfant? demanda avec intérêt le maître d'école.

— J'ai oublié la lettre de notre curé.

— Où est-elle ?

— Dans mon petit paquet.

— Et votre petit paquet, où est-il ?

— Là, dans le blé, auprès de la place où j'étais couchée avec ma couronne de bluets.

Et elle sauta de leurs bras, franchit le fossé, prit son paquet noué dans une serviette et sa couronne de fleurs, et, avec une agilité surprenante, sautant le fossé de nouveau, elle revint prendre sa place sur les mains des deux amis, qui aussitôt se dirigèrent vers la barrière, que l'on apercevait à deux ou trois cents pas seulement.

VI

O Aggelos.

La façon dont la petite orpheline tenait son paquet gênait la respiration du vieux professeur, contre la poitrine duquel il s'appuyait.

Il dit à l'enfant d'attacher le paquet à la boutonnière de sa redingote.

Restaient le panier aux cerises et la couronne de bluets que la pauvrette avait tressée pour se distraire, en attendant le jour, que le sommeil ne lui avait pas donné le temps d'attendre.

Elle le gardait sans doute instinctivement, comme le souvenir fleuri de sa première heure de solitude en ce monde.

Justin le comprit ainsi du moins ; car, au moment où la petite, s'apercevant que les fleurs de sa couronne frôlaient la joue du jeune homme, fit un mouvement pour la jeter, en regardant toutefois ses compagnons de route, comme pour les consulter, — Justin, dont les mains étaient occupées, prit la couronne entre ses dents, la posa sur la jolie tête de l'enfant, et se remit en marche.

Elle était ravissante ainsi, la pauvre petite fille! les vêtements noirs des deux amis faisaient admirablement ressortir la blancheur de sa robe et l'angélique pureté de son visage; son front surtout, éclairé par la lune, semblait rayonner comme celui d'une créature céleste.

On eût dit la jeune sœur d'une druidesse, portée en triomphe vers la forêt sacrée.

La conversation, interrompue un instant, reprit son cours. Justin ne pouvait se lasser d'entendre le son de voix harmonieux de l'enfant.

Ce fut donc lui qui recommença à questionner.

— Et quelle est la profession du frère de votre nourrice, mon enfant? demanda Justin.

— Il est charron, répondit l'enfant.

— Charron! répéta Justin, de l'air d'un homme qui entrevoit un malheur.

— Oui, monsieur.

— Dans le faubourg Saint-Jacques?

— Oui, monsieur.

— Mais, dit Justin, je ne connais qu'un charron, au n° 111.

— Je crois que c'est celui-là.

Justin n'acheva point; il y avait un an, à peu près, que ces ateliers de charronnage du n° 111 s'étaient fermés tout à coup, et s'étaient rouverts, habités par un serrurier. Justin ne voulait rien dire qui pût inquiéter l'enfant avant d'être certain lui-même que son inquiétude était fondée.

— Ah! oui, oui, reprit la petite fille; je ne dirai même plus que je crois que c'est celui-là : — j'en suis sûre.

— Comment, vous en êtes sûre, mon enfant?

— Oui... j'ai lu l'adresse plusieurs fois; on m'avait recommandé de l'apprendre par cœur, au cas où je perdrais la lettre.

— Et le nom qui était sur cette adresse, vous en souvenez-vous ?

— Certainement... il y avait : « A monsieur Durier... »

Les deux amis se regardèrent, mais sans répondre.

Alors, s'imaginant que leur silence venait du peu de confiance qu'ils accordaient à ses paroles, l'enfant ajouta avec un petit mouvement d'orgueil :

— Oh! je sais lire depuis longtemps!

— Je n'en doute pas, mademoiselle, répondit gravement le vieux professeur.

— Et que comptiez-vous faire chez le frère de votre nourrice?

— Je comptais travailler, monsieur.

— De quelle sorte de travail?

— De celui qu'on voudra : je sais faire bien des choses.

— Entre autres?

— Je sais coudre, repasser, monter des bonnets, broder, faire de la dentelle.

Plus les deux amis faisaient parler l'enfant, plus ils lui découvraient de qualités nouvelles, et plus ils la prenaient en affection.

Ils surent bientôt toute sa petite histoire ; elle ne manquait pas d'un certain mystère.

Une nuit, une voiture s'était arrêtée à la Bouille ; — C'était en 1812 ; — un homme en était descendu, portant entre ses bras un fardeau dont il était impossible de distinguer la forme.

Arrivé devant la porte d'une petite maison isolée située à l'extrémité du village, il avait tiré une clé de sa poche, avait ouvert la porte, et, s'avançant dans l'obscurité, il avait déposé le fardeau sur le lit, une bourse et une lettre sur la table.

Puis il avait refermé la porte, était remonté dans sa voiture, et avait continué son chemin.

Une heure après, une bonne femme qui revenait du marché de Rouen s'était arrêtée devant la même maison, avait à son tour tiré une clé de sa poche, et, à son grand étonnement, la porte à peine ouverte, avait entendu les cris d'un enfant.

Elle s'était alors hâtée d'allumer la la lampe, et avait vu quelque chose de blanc qui se débattait sur son lit, tout en criant.

Ce quelque chose de blanc qui se débattait et criait, c'était une petite fille d'un an.

Alors, la bonne femme, de plus en plus étonnée, avait regardé autour d'elle et avait aperçu sur la table la lettre et la bourse.

Elle avait ouvert la lettre, et elle avait lu à grand'peine, — car elle ne lisait pas très couramment — les lignes suivantes :

« Madame Boivin, on vous sait une bonne et honnête femme ; c'est ce qui détermine un père prêt à quitter la France à vous confier son enfant.

» Vous trouverez douze cents francs dans la bourse déposée sur la table ; c'est la pension de la première année qui vous est payée d'avance.

» A partir du 28 octobre de l'année prochaine, jour anniversaire de celui-ci, vous recevrez, par l'intermédiaire du curé de la Bouille, cent francs par mois.

» Ces cent francs vous seront remis en

mandats sur une maison de Rouen, et le curé qui les recevra ne saura pas lui-même d'où ils viennent.

» Donnez à l'enfant la meilleure éducation que vous pourrez, et surtout celle d'une bonne ménagère. Dieu sait à quelles épreuves il la réserve.

» Son nom de baptême est Mina; elle n'en doit point porter d'autre que je ne lui aie rendu celui qui lui appartient.

» 28 octobre 1812. »

Madame Boivin relut la lettre trois fois, pour la bien comprendre; puis, lorsqu'elle l'eut bien comprise, elle la mit dans sa poche, prit l'enfant dans ses bras, la bourse à la main, et courut chez le curé, afin de le consulter sur ce qu'elle avait à faire.

La réponse du curé n'était pas douteuse : il donna à la mère Boivin le conseil d'accepter l'enfant que lui confiait la Providence, et de l'élever avec le plus de soin qu'il lui serait possible.

La mère Boivin revint donc chez elle, rapportant l'enfant, la bourse et la lettre.

L'enfant fut mis dans le propre berceau du fils de la mère Boivin, mort depuis deux ans : la lettre fut enfermée dans un portefeuille où la brave femme serrait les états de service de son mari, sergent dans la vieille garde, et occupé dans ce moment à faire, lui quatre cent millième, la retraite de Russie ; quant aux douze cents francs, ils furent insérés dans une cachette à laquelle la mère Boivin confiait ses économies.

On n'avait oncques entendu parler du sergent Boivin.

Était-il mort ? était-il prisonnier ? Jamais la pauvre femme n'avait eu de nouvelles de son mari.

Pendant sept ans, la pension de l'enfant avait été payée avec exactitude ; mais, depuis deux ans et demi, les mandats avaient complétement cessé d'arriver à leur échéance mensuelle ; ce qui n'avait pas empêché la bonne femme d'avoir les mêmes soins pour Mina, qu'elle regardait comme sa propre fille.

Depuis huit jours elle était morte, laissant au curé le soin de l'enfant, qui devait être envoyé à un frère, charron à Paris, qu'elle n'avait pas vu depuis longtemps, mais dont elle affirmait l'honnêteté.

Ce frère s'appelait Durier, et habitait le rez-de-chaussée de la maison n° 111, faubourg Saint-Jacques, à Paris.

Voilà ce que la petite fille avait raconté et ce que les deux amis savaient en arrivant dans la chambre de Justin.

Quant Justin tardait à rentrer, il trouvait toujours sa sœur veillant et l'attendant.

Cette fois comme toujours, Céleste, — c'était le nom de la jeune fille, — attendait son frère.

Elle ouvrit la porte au bruit des pas, et s'entendit appeler.

Elle descendit aussitôt, et la première chose qu'elle vit fut la petite Mina, que lui présentait son frère.

Émerveillée de la beauté de l'enfant, elle l'embrassa tout d'abord avant de demander seulement d'où elle venait.

Puis, l'enlevant de terre, elle la prit dans ses bras, et l'emporta tout courant dans la chambre de sa mère.

La mère ne pouvait voir l'enfant : mais, comme tous les aveugles, elle avait des yeux au bout des doigts ; elle toucha l'orpheline, et se convainquit qu'elle était belle.

On raconta l'histoire tout entière à la mère : Céleste avait grande envie d'entendre cette histoire, mais on lui montra l'enfant qui tombait de sommeil : il s'agissait donc pour Céleste de lui dresser, le plus vite possible, un lit dans sa chambre.

C'était chose facile.

On descendit au rez-de-chaussée, on y prit le grand tableau qui servait aux démonstrations d'arithmétique, on le posa sur quatre tabourets, en y étendit un matelas, et madame Corby, ayant pris le front de l'enfant, y imposa les mains, comme une triple bénédiction de la mère, de l'aveugle et de l'hôtesse, bénédiction qui devait porter bonheur à la petite fille.

Quant à celle-ci, elle alla se mettre au lit, où, à peine étendue, elle s'endormit d'un profond sommeil.

Le lendemain, avant l'entrée de ses enfants dans leur classe, Justin se rendit chez un des voisins de l'ancien charron, qui était un brave charbonnier de sa connaissance, nommé Toussaint, et lui demanda s'il pouvait lui donner quelques renseignements sur le charron qui avait habité le rez-de-chaussée de la maison.

111, avant le serrurier qui l'habitait maintenant.

Justin tombait à merveille.

Toussaint et Durier étaient amis.

Durier avait fait partie de la fameuse conspiration Nantès et Bérard, laquelle avait pour but la prise du fort de Vincennes, et devait ainsi faire éclater un complot ourdi dans toute la France par le comité directeur, conspiration qui avait échoué grâce aux révélations de Bérard.

Il avait été entraîné là, à ce que prétendait Toussaint, par un Corse nommé Sarranti, qui attachait une grande importance à avoir Durier pour complice, à cause des nombreux ouvriers dont il disposait.

Or, la veille du jour où devait éclater le complot, au milieu de la nuit, Toussaint avait entendu frapper violemment à la porte de Durier; il s'était mis à la fenêtre, et avait reconnu l'étranger qui, depuis quelque temps, fréquentait les ateliers du charron.

Un instant après, il les avait vus sortir tous deux, et se diriger à toutes jambes vers la barrière.

Depuis ce jour-là, Durier et Sarranti n'avaient point reparu.

Ce n'était pas la seule accusation qui eût

pesé, non pas sur Durier, mais sur le Corse : Toussaint avait su, par des agents de la police, qui étaient venus faire perquisition chez Durier, que Sarranti était, en outre, accusé d'avoir volé chez un de ses amis une somme considérable, quelque chose comme cinquante ou soixante mille francs.

C'était, sans doute, grâce à l'argent dont ils pouvaient disposer qu'ils avaient gagné le Hâvre assez rapidement pour pouvoir s'embarquer tous les deux sur un navire en partance pour l'Inde.

Depuis ce temps, on n'avait entendu parler ni de l'un, ni de l'autre.

Peut-être, ajoutait Toussaint, pourrait-on avoir de leurs nouvelles par un fils de M. Sarranti, qui était élève au séminaire Saint-Sulpice; mais il était facile de comprendre quelle discrétion ce fils mettrait, sans doute, à répondre à des questions faites par un inconnu, dans la crainte où le tenait la grave accusation qui pesait sur son père.

Justin essaya de pousser plus loin les investigations, mais Toussaint n'en savait pas davantage.

Le jeune homme rentra à la maison sans juger à propos de faire aucune démarche auprès de M. Sarranti fils.

D'ailleurs, lui aimait autant que le charron fût disparu, et, étant disparu, ne reparût plus.

Il rentra donc, comme nous avons dit, et, hypocrite pour la première fois, annonça à sa mère et à sa sœur *la mauvaise nouvelle.*

— Ta mauvaise nouvelle est une bonne nouvelle, au contraire! répondit madame Corby, à qui son fils avait appris, en lisant l'Évangile, le sens du mot AGGELOS; — une bonne nouvelle, puisque c'est un ange que Dieu nous envoie!

Et ce fut pour eux trois une joie immense que l'espoir de garder dans leur maison la charmante créature.

Ils semblaient, en effet, être arrivés à cette période de la vie en commun où l'on sent que, se nourrissant incessamment de sa propre substance, l'intimité va décroître, faute d'aliments nouveaux.

Ils éprouvaient à leur insu la nécessité impérieuse de se renouveller tous les trois.

Ils étaient assez longtemps, au milieu du déluge, restés enfermés dans l'arche sainte ; la colombe venait, apportant le rameau d'olivier.

On accueillit donc avec des transports de joie cette idée de garder l'enfant.

Et, ainsi, cette brave famille, qui tout à

l'heure avait à peine le nécessaire, consentait à s'appauvrir encore pour le bonheur de posséder cet enfant.

Selon eux, augmenter de ce petit être le personnel de la maison, c'était s'enrichir en s'appauvrissant.

VII

Oiseau en cage.

Cette résolution prise, Justin écrivit au curé, qui avait eu soin de l'enfant depuis la mort de la nourrice, une relation exacte de la rencontre qu'il avait faite, et des démarches qui en avaient été la suite.

Il lui annonçait que, désormais, toutes nouvelles de la petite Mina devaient être demandées à lui et à sa mère, puisque c'était chez eux qu'elle allait demeurer.

Puis, comme le curé était le seul être sur la terre qui, la femme Boivin morte, s'intéressât ou parût s'intéresser à l'enfant, on le priait de donner son consentement à l'adoption de l'orpheline.

La réponse ne se fit pas attendre; le prêtre, au nom de Dieu, le grand et presque toujours, hélas ! le seul rémunérateur des vertus, remerciait la bonne famille de sa sainte action.

S'il lui parvenait quelques nouvelles du protecteur inconnu de la petite Mina, il ferait à l'instant même parvenir ces nouvelles au maître d'école.

Ce point réglé, et la conscience de ceux qui se chargeaient de l'enfant tranquillisée, on s'interrogea sur le genre de vie qu'on allait faire mener à la petite.

— Je me charge de son éducation, dit Justin.

— Moi de sa religion, dit la mère.

— Moi de son trousseau, dit la sœur.

Puis on régla l'heure de son lever, de ses repas, de ses travaux; enfin, au bout d'une heure de conversation entre le frère,

la sœur et la mère, elle était indissóluble-
ment soudée à l'intérieur de la famille.

C'était au point que, si l'on fût venu la réclamer en ce moment, c'eût été un profond chagrin dans tous ces excellents cœurs.

Pendant ce temps, la petite dormait, ignorant que l'avenir de sa vie venait d'être décidé, et qu'elle allait être invariablement fixée dans cet humble mais sympathique intérieur.

Tout à coup, des sanglots partis de la chambre où elle était couchée firent tressaillir les trois personnes réunies comme en un petit conseil de famille.

La mère, qui était assise sur son fauteuil, se leva; Justin courut jusqu'à la porte de la chambre à coucher; mais Céleste seule entra. L'enfant était si raisonnable, que c'était presque une jeune personne, et un sentiment de pudeur avait arrêté Justin au seuil de la porte.

Ce qui faisait sangloter l'enfant, mon Dieu, ce n'était rien qu'un rêve; elle avait, pauvre petite, fait un rêve effrayant : elle s'était crue arrêtée par les gendarmes comme vagabonde, et, dans son rêve elle pleurait à sanglots : c'étaient ces sanglots qui avaient mis fin à son sommeil.

Par malheur, en ouvrant les yeux, elle put croire que le rêve continuait; la tenture sombre de cette pièce lui serra le cœur. Où était-elle, sinon en prison?

Quelle différence entre cette chambre et le petit cabinet qu'elle habitait chez la mère Boivin! les murs du cabinet n'avaient point de papier, il est vrai; mais ils étaient d'une blancheur éclatante, la fenêtre n'avait pas le rideau jaune à grecque rouge qui ornait celle de mademoiselle Céleste; mais elle s'ouvrait sur un beau jardin plein de fleurs au printemps, de fruits à l'automne, et de soleil l'été.

Dès que le temps était un peu chaud, la petite Mina dormait la fenêtre ouverte, et, comme chaque soir elle avait soin de répandre du grain sur le carreau de sa chambre, elle était réveillée à l'aube par le chant des oiseaux, qui gazouillaient dans l'arbre dont les branches curieuses regardaient dans sa chambre, qui voletaient sur le bord de sa fenêtre, qui picoraient à deux pieds de son lit.

Oh! c'était cette vie, cet air, ces arbres, ce soleil, ces oiseaux, qui l'avaient faite blanche et rose comme une pêche, la chère petite!

Et puis, cette chambre, aussi blanche que les murs de la paroisse, c'était, à défaut d'autre point de comparaison, la plus belle chambre que l'enfant pût imaginer : elle lui rappelait l'orgue, l'encens, la Vierge, et toutes ces féeries de l'église, si puissantes sur les jeunes imaginations.

Mina, tout éveillée qu'elle était, demeura donc un instant dans le doute le plus profond.

Ce jeune homme grave, ce vieillard affectueux qu'elle avait rencontrés ; cette promenade au clair de la lune qu'elle avait faite, portée entre les bras de deux hommes inconnus ; tout lui parut un songe. Elle eut la pensée de sauter à bas de son lit, et de s'assurer de la vérité ; mais elle n'osa point, et, tout en comprimant ses sanglots, elle s'assit sur son lit et chercha à rassembler ses idées.

C'est dans cette posture, qu'un sculpteur eût choisie pour une statuette du Doute, que la bonne Céleste la trouva.

Deux grosses larmes coulaient encore sur ses joues.

— Qu'avez-vous, ma chère enfant? demanda Céleste en serrant la petite fille dans ses bras. Vous pleurez!

L'enfant reconnut la maladive et pâle figure de la veille ; elle rendit à sa nouvelle amie le baiser qu'elle en avait reçu, et se mit à lui raconter son rêve.

Après quoi Céleste elle-même prit la parole, et, au bout de quelques minutes, l'enfant était au courant des démarches de Justin; elle savait que le charron avait disparu, et que la lettre du curé était inutile.

— Eh bien, alors? demanda la pauvre enfant d'une voix plaintive, et en fixant ses regards si anxieux sur Céleste, que ce fut celle-ci, à son tour, qui sentit des larmes dans ses yeux ; — eh bien, alors?...

Et l'enfant n'osait achever.

— Eh bien ! te voilà chez nous et à nous, mon enfant ! dit Céleste ; tu seras la fille de notre mère, notre sœur à Justin et à moi, et quoique nous ne soyons pas riches, nous ferons tout pour te rendre heureuse.

— Oh ! sœur Céleste ! dit l'enfant en l'embrassant à son tour ; oh ! frère Justin ! ajouta-t-elle en tendant ses deux petites mains vers le jeune homme, dont la tête passait par l'encadrement de la porte.

Justin n'y put tenir; il s'élança dans la chambre, et baisa les mains que l'enfant tendait vers lui.

En un instant Mina fut instruite de la vie qu'elle allait mener.

Hélas! ce n'était pas la vie d'air et de liberté à laquelle l'avait habituée la campagne; ses petits pieds allaient oublier leur course matinale à travers la rosée et les fleurs; elle n'aurait plus sous les yeux cette belle rivière qui coulait majestueuse et lente, conduisant vers la mer le commerce et l'industrie; mais, pauvre enfant, elle sentait cela ; elle aurait, en place, de bons cœurs qui l'aimeraient; elle aurait la tendresse, ce doux soleil de l'âme qui n'est pas le soleil du corps, mais qui est pourtant le seul dont la tiède chaleur puisse faire oublier la puissante et féconde chaleur de l'autre.

L'heure d'entrer en classe était venue : Justin descendit pour ouvrir sa porte aux dix-huit marmots.

La jeune fille resta seule avec l'enfant.

Elle voulut l'habiller ; mais la petite Mina sauta à bas du lit, légère comme un oiseau, et s'habilla en un instant, voulant prouver à sa sœur qu'elle n'était pas si petite qu'elle en avait l'air, et qu'elle ferait en sorte d'être le moins possible à charge à ceux qui l'avaient recueillie.

Sa toilette achevée, la petite passa dans la chambre de la mère, pour faire sa prière et déjeûner.

Tant qu'il s'agit de la prière, tout alla bien : l'enfant savait toutes les douces prières de l'enfant, actes de foi, actes de grâces, actes d'amour.

Mais, quand arriva le déjeûner, ce fut, pour la pauvre Mina, un triste désappointement.

Lorsque, chez la mère Boivin, Mina sentait la faim venir, elle descendait ; si c'était l'été, elle cueillait des fruits, cassait la moitié d'une miche, et mangeait son pain avec des abricots, des prunes, des fraises, des cerises ou des pêches ; si c'était l'hiver, elle allait à l'étable et au poulailler : à l'étable, elle trouvait le lait tiède qu'elle tirait elle-même du pis de Marianne ; dans le poulailler, elle trouvait les œufs encore chauds, qu'elle prenait sous le ventre des poules.

Mina n'avait donc pas idée que l'on pût manger autre chose à son déjeûner que des fruits, du lait ou des œufs.

A Paris, il n'était plus question de cela.

Toute la famille déjeûnait le matin avec cet affreux liquide que l'on est convenu d'appeler du café au lait; pourquoi? nous n'en savons rien, puisqu'il entre dans l'abominable breuvage que nous soumettons à l'analyse des savants, beaucoup plus d'eau que de lait, beaucoup moins de café que de chicorée.

Et ce n'est pas qu'on ignore cela ; non, tout le monde le sait : offrez du véritable café aux huit cent mille consommateurs de Paris, ils le refuseront ; ils vous diront que le café est échauffant, que la chicorée est rafraîchissante.

Alors, soit : mais dites tout simplement : « Je déjeûne avec de la chicorée au lait. » Il faut avoir le courage de ses aliments.

Mais non, on tient à avoir l'air de prendre du café, parce que le café ne pousse pas à Montmartre, tandis qu'on peut trouver de la chicorée tout autre part qu'à Moka, à la Martinique ou à Bourbon.

Que le tilleul ne fleurisse qu'à Pékin ; que le thé ne pousse qu'à Paris : les Chinois feront venir du thé de Paris, et les Anglais, les Français et les Russes, du tilleul de Pékin.

Telle est notre opinion, du moins ; on voit que nous avons le courage de celle-là comme des autres.

Toute la famille avait donc la mélancolique habitude de déjeûner avec une jatte de cette liqueur rafraîchissante ; — et, si un de nos lecteurs, pressé d'arriver au dénoûment, en vertu du principe d'Horace : *ad eventum festina*, prend les lignes que nous venons de hasarder pour une boutade ou une digression, nous allons le rassurer bien vite, en lui disant que c'est tout simplement une pièce justificative à mettre dans le dossier de la petite fille, afin qu'on ne lui impute pas à crime le dégoût profond qu'elle va manifester pour le café au lait de maman Corby, de frère Justin et de sœur Céleste.

A peine eut-elle mis une cuillerée de ce liquide dans sa bouche, que son pauvre petit cœur se souleva, et qu'elle la rejeta sur le plancher.

Les trois convives crurent qu'elle s'était brûlée.

Ce n'était pas cela :

Elle trouvait la chose horrible, impotable.

On eut beau lui dire, lui redire, lui jurer que c'était du lait, elle n'en voulait rien croire.

Non pas qu'elle eût le caractère mal fait, non pas qu'elle fût entêtée le moins du monde ; c'était tout simplement que la pauvre petite, habituée à traire elle-même la bonne vache noire et blanche, croyait connaître de bonne source le véritable goût du lait.

— Alors, dit la gracieuse enfant avec beaucoup de déférence pour la triple affirmation de ses hôtes, c'est qu'il y a le lait de Paris et le lait de la Bouille.

C'était là une vérité tellement incontestable, qu'aucun des opposants n'essaya de la combattre.

Hâtons-nous de dire que, le lendemain, Mina, voyant qu'on avait fait une soupe exprès pour elle, surmonta l'horreur que lui inspirait cette boisson inconnue qu'on lui avait présentée la veille, et l'avala avec un héroïsme qui lui mérite toute notre admiration.

Le déjeûner ne fut point la seule chose qui l'étonna dans la triste maison. De même que, le soir de son arrivée, on lui avait mis sur la tête un fichu de nuit, en attendant qu'on lui eût fait un bonnet, à elle, habituée à coucher nu-tête et la fenêtre ouverte, de même la tristesse de cet intérieur se répandit autour d'elle comme un voile épais.

Tout la surprenait : le papier gris de la chambre de la sœur ; les rideaux bruns de la chambre de la mère ; la figure grave du jeune maître d'école, sa voix, ses vêtements noirs, ses vieux livres jaunes ; tout lui paraissait sombre, jusqu'au violoncelle, qui la fit fondre en larmes, la première fois que, le soir, à dix heures, de son lit, au milieu d'un demi-sommeil, elle en entendit jouer.

Au reste, grâce à son excellente organisation, elle ne s'attristait pas bien profondément de tout cela, attendu qu'avec une apparence de bon sens, elle s'imaginait que, puisqu'elle ne connaissait que la vie de la campagne, il était possible qu'à la ville tout le monde vécût de cette austère façon.

Elle se raisonna donc elle-même, et résolut dans son for intérieur de se soumettre à la vie semi-monastique de la maison.

Mais, pauvre enfant des prés et des plaines, emprisonnée entre quatre murailles humides, elle se promettait plus qu'elle ne pouvait tenir : elle n'était ni de tempérament ni d'âge à se conformer à cette triste règle; ses yeux étaient trop vifs, son sang était trop jeune et trop chaud, sa fraîche voix trop claire, pour qu'elle pût dire ainsi tout à coup à sa voix matinale et joyeuse comme celle de l'alouette de se taire ; à son sang, brûlante sève de la jeunesse, de se calmer ; à ses yeux, douces étoiles de son cœur, de s'éteindre ou de ne plus briller qu'à moitié. Il lui échappait, malgré elle, de francs rires éclatant comme des chansons, et elle s'efforçait, mais vainement, de réprimer ces trésors de gaîté enfantine qu'elle portait en elle.

Un jour qu'arrachant des herbes qui poussaient dans la cour humide et sombre, elle chantait à demi-voix la ritournelle d'un air de son pays, sœur Céleste apparut à la fenêtre: alors le couteau avec lequel la pauvre Mina arrachait l'herbe lui échappa des mains ; elle devint blême et se mit à trembler de tous ses membres.

S'être oubliée à ce point-là lui parut une profanation monstrueuse, comme d'avoir parlé haut dans une église.

Une autre fois que, seule dans la chambre du maître d'école — laquelle, on s'en souvient, était en même temps la classe — elle rangeait ses vieux livres, qui parlaient une langue inconnue et pour laquelle elle avait tant de respect, elle aperçut dans un coin le violoncelle, que Justin n'avait pas eu le temps de rentrer dans sa boîte.

Depuis longtemps, elle attendait l'occasion de se trouver seule et face à face avec cet instrument.

Elle s'y trouvait enfin, et se sentait partagée entre deux sentiments bien contraires.

D'une part, l'impression qu'elle avait éprouvée la première fois qu'elle avait entendu ses sons mélancoliques, l'avait animée contre lui d'une espèce de rancune qu'elle n'eût point été fâchée de manifester résolument.

De l'autre, vivement tiraillée par une curiosité analogue à celle qui fait demander aux enfants de voir *la bête* renfermée dans une montre, elle avait une forte démangeaison de savoir ce qui se passait dans le violoncelle, lorsqu'on promenait l'archet sur ses cordes.

Elle eût été bien embarrassée de dire

lequel des deux sentiments, la curiosité ou la vengeance, l'emportait sur l'autre.

Nous, qui avons cinq fois son âge, nous n'hésitons pas à croire que c'était la curiosité, et nous en doutons d'autant moins que le résultat est là pour nous donner raison.

Elle prit donc du bout des doigts l'archet posé sur une chaise, et, s'approchant à pas de loup du violoncelle, elle commençait à scier la corde d'argent, et lui faisait rendre un ronflement sonore, lorsque le maître d'école, qui avait oublié un papier sur sa table, rouvrit la porte, et apparut brusquement sur le seuil de la chambre.

Jamais, cher lecteur ! jamais, lectrice amie ! jamais, depuis la première pécheresse, prise en flagrant délit de maraudage par l'ange gardien du paradis, jamais, sous une chevelure blonde, des joues plus roses ne se couvrirent d'un vermillon plus clair !

Le cœur de la pauvre petite battait comme le cœur d'un oiseau blessé !

Il fallut, pour la rassurer, que Justin, tout souriant, lui prît la main et lui fît, presque de force, passer l'archet sur les cordes.

Mais l'émotion qu'elle éprouva fut telle, qu'elle changea en haine profonde la simple antipathie que l'orpheline avait pour le pauvre instrument.

Nous vous appelions tout à l'heure *lectrice amie*, ô beaux yeux qui nous faites l'honneur de nous lire ! Savez-vous pourquoi nous vous caressons ainsi de nos plus douces épithètes ? C'est que vous êtes, à titre de femme, apte aux tendres et douces émotions, et que nous voulons obtenir que vous usiez de votre influence près de nos lecteurs, qui, trop impatients, trouveraient que nous tombons dans l'idylle.

Laissez-nous ouvrir au terrible drame que nous écrivons cette porte parfumée et fleurie de la jeunesse; nous arriverons assez tôt aux passions de la virilité, et aux crimes des âges mûrs.

N'est-ce pas donc, lectrice amie, que vous nous permettez de vous conduire quelque temps encore à travers les prés émaillés de paquerettes et de boutons d'or, au bruit des oiseaux qui chantent et des ruisseaux qui murmurent?

VIII

La baguette magique.

Ces traits, et d'autres semblables, loin d'indisposer contre Mina sa famille adoptive, ne faisaient, au contraire, que confirmer Justin et sa sœur dans la bonne opinion qu'ils avaient du cœur de la petite orpheline ; au lieu de la blâmer, ils l'encourageaient à suivre l'impulsion de sa charmante nature, qui jetait quelques rayons de gaîté dans la maison : ils eussent voulu lui faire de tous ses travaux un plaisir, de tous ses jours une fête : ils savaient bien, ces cœurs purs, que l'enfance est un dimanche éternel !

Mais la mère était aveugle ; la sœur souvent malade, tous trois besoigneux.

Les parents ne pouvaient que donner leur tristesse à la petite fille ; ce fut donc elle qui, par la grâce de Dieu, leur donna sa gaîté.

Elle finit par prendre dans la maison un si grand empire, qu'il en fut de la maison comme il en est de la nature au sortir de l'hiver : d'abord, nue et désolée, elle sembla renaître à la vie ; et peu à peu, sous une sève invisible, reprit des bourgeons, des feuilles et des fleurs.

Le maître d'école, malgré les efforts du vieux professeur, — et quoique, selon l'expression de celui-ci, il eût *coudoyé le monde*, le maître d'école avait succombé dans cette lutte entre sa conscience et ses goûts, entre son devoir et ses désirs : il s'était, comme l'avait prédit M. Müller, fané au beau milieu du printemps de sa jeunesse ; en trois années, il avait vieilli de dix ans.

Ce fut le contraire pour la petite Mina : à son contact la famille se réjouissait. C'est le propre, en effet, de l'insoucieuse enfance, de raviver et de rajeunir tout ce qui l'approche; partout où traîne sa robe blanche, l'herbe pousse, les boutons fleurissent !

Il y avait deux ans à peine que la petite Mina était dans la famille du maître d'école, et déjà la maison avait subi une transformation complète.

Une fois, elle avait été se promener dans la plaine de Montrouge, et, dans cette plaine aride, elle avait trouvé moyen de découvrir une douzaine de touffes de paquerettes et de violettes sauvages.

Elles les avait déracinées avec un couteau, les avait mises dans son mouchoir, les avait rapportées à la maison, et madame Corby avait été bien émue de sentir sous sa main deux pots de fleurs qui lui rappelaient ce soleil qu'elle ne pouvait plus voir.

Une autre fois, c'était deux rosiers nains qu'un jardinier du voisinage lui avait donnés ; elle les avait mis dans deux verres à boire, et les avait déposés sur la cheminée de Justin, tandis qu'il était sorti. Le soir, le maître d'école les avait trouvés à son retour, et il avait ressenti une bien douce émotion en regardant ces roses, qui lui rappelaient qu'il y avait, autour de Paris, un printemps à la robe fleurie dont il ne pouvait pas jouir.

La sœur Céleste avait eu aussi sa surprise : deux ou trois fois, devant l'orpheline, elle avait manifesté le désir d'avoir un petit chat, ne fût-ce que pour la distraire en emmêlant son fil, toujours si bien démêlé ; un soir, elle fut bien étonnée, lorsqu'elle leva son oreiller, de voir sortir de son lit un petit chat tout blanc, avec un ruban bleu au cou. C'était encore Mina qui avait découvert ce chat et qui lui avait fait un collier avec sa ceinture.

Chaque jour, c'était une imagination nouvelle ; tout le génie inventif de l'enfance était concentré dans cette blonde tête ; on eût dit que, pareille au zéphir, elle ne respirait que pour animer le printemps et faire fleurir autour d'elle les roses et le jasmin.

Aussi ne voyait-on plus que par elle, ne s'entretenait-on plus que d'elle : Mina par ci! Mina par là! comme une note agréable et qui plaît à tout le monde, on entendait son nom retentir du haut en bas de la maison.

Si l'on avait un achat à faire, on s'en rapportait à son goût; un parti à prendre à sa décision; un projet quelconque à accomplir à sa volonté.

Elle était souveraine arbitre du petit État; elle gouvernait ses sujets avec son bon sens, son bon cœur et sa gaîté.

Aussi tous trois sentaient-ils et reconnaissaient-ils l'influence bienfaisante qu'exerçait sur eux cet enfant; la mort d'un des membres de la famille n'eût pas causé plus de douleur aux survivants que le départ de la petite fille ne leur en eût causé à tous trois.

Ils l'appelaient *l'ange de la gaîté*

Et, en effet, c'était un enchantement de toutes les heures.

Un jour, elle était allée au bois de Meudon avec M. Müller et Justin — c'était un dimanche, bien entendu — elle aperçut à une douzaine de pieds, sur une branche, collé, comme d'habitude, au corps de l'arbre, un nid de pinsons. Sa convoitise s'éveilla aussitôt, et elle entreprit de prouver au vieux précepteur et à Justin que c'était la chose la plus facile du monde que de lui aller chercher ce nid, disant qu'elle savait monter aux arbres, et que, s'ils n'y allaient pas, elle allait y grimper elle-même.

Justin, dans sa jeunesse avait pratiqué cet art, et ne l'avait certes pas oublié au point de reculer devant une si médiocre ascension ; mais une chose le préoccupait: pour monter aux arbres, il fallait en embrasser le tronc avec les bras et les genoux, et l'opération ne pouvait se faire qu'au détriment probable de la redingote du jeune homme et de son pantalon.

Justin se grattait l'oreille et regardait le nid.

Le bon professeur comprit ce qui préoccupait le jeune homme ; il jeta à terre son chapeau à larges bords, et, s'adossant à l'arbre, joignit les deux mains, et s'offrit en courte échelle à son élève.

Celui-ci lui demanda pardon de la liberté grande, monta sur ses épaules, leva le bras, atteignit le nid, et mit cinq pinsons entre les mains de la jeune fille, qui les reçut en sautant de joie.

C'est qu'il y a dans l'enfance une force si irrésistible, une volonté si impérieuse, une telle puissance de commandement, qu'il faut absolument lui obéir.

Ajoutons que c'est le propre des vieillards d'être plus tolérants pour l'enfance que les jeunes gens ; sans doute, parce que les jeunes gens sont plus près et les vieillards plus loin de cet heureux âge.

Au reste, elle savait bien ce qu'elle faisait, la petite entêtée, en demandant ces pinsons; et ce n'était pas le premier nid qu'elle convoitait : elle avait trouvé, on ne sait où, à la cave ou au grenier, une vieille cage sale et noire, qu'elle avait essuyée, grattée, polie ; et, cette cage mise en état, elle voulait l'utiliser.

Elle rapporta donc ses pinsons sans répondre à Justin, qui lui disait qu'elle ne saurait où les mettre ; et, cinq minutes après sa rentrée à la maison, elle arriva dans la chambre du maître d'école, toute victorieuse, avec sa cage reluisante, et sa petite famille de pinsons emménagée.

Mais alors cela lui fit venir une idée qui occupa longtemps son petit cerveau avant de se produire au jour : c'était de faire, pour la cage de frère Justin, ce qu'elle avait fait pour la cage de ses pinsons.

Seulement, il ne s'agissait plus là de frotter, de laver et de polir, il fallait changer le papier, changer les rideaux des fenêtres, changer les rideaux du lit.

La pauvre petite y mit un an ; elle eut toutes sortes de caprices, et comme Justin ne lui savait rien refuser, tantôt c'était dix sous pour un ruban qu'elle n'achetait pas, tantôt vingt sous pour un bout de dentelle qui restait chez la marchande; enfin, de dix sous en dix sous, de vingt sous en vingt sous, elle amassa une somme de soixante-dix francs — dont quinze furent employés à mettre un petit papier gris-perle avec des roses bleues à la place de l'affreux papier terreux, crasseux, humide, qui attristait l'œil, et cinquante-cinq, à acheter des rideaux de mousseline qui, faits par elle et par sœur Céleste, devenue vers la fin sa complice, remplacèrent les rideaux de serge verte.

La métamorphose de la chambre s'opéra en une soirée, grâce à la complaisance d'un marchand de papier qui avait son fils dans la classe de Justin, et qui contribua à ce tour de passe passe pour la pose du papier, que quatre ouvriers collèrent sur les murs, tandis que Justin faisait sauter les dandys et les coquettes de la barrière du Maine.

Quand frère Justin rentra, il crut qu'on avait fait un reposoir dans sa chambre; il voulut gronder, quereller, se plaindre : Mina lui présenta ses deux joues roses, et Justin ne sut plus que serrer l'enfant sur son cœur.

Et c'est ainsi que, degrés par degrés, cette triste maison rajeunissait et s'égayait, comme ses habitants s'étaient égayés et rajeunis.

Quand Mina en fut à ce point d'influence, elle déclara la guerre aux vieux livres de musique religieuse, et elle fit tant, que Sébastien Bach, Palestrina, Haydn rentrèrent dans l'armoire, et que, pour remplacer ces illustres ancêtres qui avaient fait la joie de la jeunesse du maître d'école,

Justin rentra un jour, tenant des fragments d'une partition d'opéra-comique, qu'il avait trouvés en bouquinant sur les quais.

Qui fut abasourdi ? qui pensa tomber à la renverse ? Ce fut M. Müller, qui, en entrant un soir chez Justin, le trouva déchiffrant les principaux motifs de *Don Gulistan*, cette gaîté en trois actes.

Mais l'enfant déclara — probablement pour satisfaire sa vieille rancune contre le violoncelle — l'enfant déclara que les airs les plus gais lui semblaient lugubres sur cet instrument.

Eh bien, jugez à quel point le pauvre maître d'école avait la tête tournée, et était prêt à obéir aux caprices de cet enfant ; elle fit tant de taquineries à Justin, à propos de son violoncelle — et vous savez si le pauvre garçon aimait son instrument, mélancolique compagnon de sa vie mélancolique ! — ce pouvoir tyrannique de la petite Mina fut tel sur lui, qu'elle le décida à renoncer au violoncelle.

Ah ! ce fut un moment bien triste que celui où le pauvre Justin renferma son violoncelle dans la prison de bois à laquelle il était condamné à perpétuité.

Vous me direz qu'il lui restait trois soirs de la semaine pour jouer de la contrebasse à la barrière ; mais cette musique, qui était pour le vieux maître d'école de la musique profane au premier degré, était loin de lui paraître une compensation suffisante à ce qu'il perdait en perdant Haydn, Palestrina et Sébastien Bach.

D'ailleurs, sans rien lui dire, Mina lui donnait la meilleure raison du droit qu'elle avait de lui imposer ce sacrifice.

Qu'était pour lui la musique ?

La consolation de son ennui.

Qu'avait-il besoin de se distraire, puisqu'il ne s'ennuyait plus ? d'être consolé, puisqu'il n'était plus triste ?

N'était-elle pas la chanson vivante ; elle ?

Enfin, s'il est juste de dire, comme nous l'avons fait, que les malheurs vont par troupes, il est vrai de dire aussi qu'un bonheur arrive rarement seul.

Aussi, un soir d'automne, à la rentrée des classes, Justin ouvrit-il tout simplement à deux battants la porte à la Fortune, qui cognait.

Elle avait pris, la capricieuse déesse, la placide figure d'un notaire de la rue de la Harpe.

Vous me demandez naïvement, j'en suis sûr : « Il y avait donc des notaires rue de la Harpe ? »

Il n'y avait pas des notaires, il y avait un notaire.

Ce notaire se nommait maître Jardy.

Il avait deux fils, lesquels désiraient ardemment faire deux classes dans une seule année ; autrement dit, sauter, l'année suivante, par-dessus la classe appelée la troisième, en passant de quatrième en seconde.

Justin étant occupée toute la journée, et les deux jeunes gens l'étant aussi, il ne fallait pas penser à des leçons de jour.

D'ailleurs, Justin ne pouvait renoncer à sa classe.

Ce qui convenait aux jeunes gens, c'étaient des leçons du soir, — trois par semaine, et de deux heures chacune.

Dans ces conditions, la chose allait merveilleusement à Justin !

Trois fois la semaine, il faisait danser à la barrière, et, ne pouvant plus jouer du violoncelle dans sa chambre, à cause de la défense à lui faite par son petit despote, il avait pris en grand amour cette occupation, qui lui permettait de serrer encore de temps en temps sa contrebasse sur son cœur.

Une contrebasse n'est pas un violoncelle, la musique de la guinguette n'est pas la musique de Beethoven ; mais, on le sait, nous ne sommes pas dans ce monde pour voir éclore la fleur parfumée de tous nos désirs !

Justin offrit au notaire ses trois soirs de liberté.

Le notaire n'avait pas de préférence pour les jours pairs et impairs : un notaire de la rue de la Harpe n'a de loge ni à l'Opéra ni aux Italiens.

Les trois soirs de Justin furent les trois soirs de maître Jardy.

Le digne tabellion offrait cinquante francs par mois, et, au bout de l'année, un rappel de cinquante autres francs si ses deux fils étaient reçus en seconde.

Justin accepta ; il s'engageait à forfait, moyennant cent francs par mois, à faire un miracle.

Il fut convenu que, dès le lendemain, maître Jardy enverrait ses deux fils.

La propreté de cette petite chambre de Justin avait surtout séduit le notaire.

Il avait répété deux fois :

— La charmante petite chambre que vous avez là, monsieur Pierre-Justin Corby !...

En sa qualité de notaire, le magistrat de la rue de la Harpe ne faisait point grâce, à ceux à qui il parlait, d'un seul de leurs noms.

La charmante petite chambre que vous avez là ! Il faudra que j'en fasse arranger une pareille à madame Jardy.

Et qui avait arrangé cette petite chambre, si avenante, qu'elle séduisait jusqu'au notaire? Mina, l'ange de la gaîté.

Aussi, le notaire parti, Justin, sans s'apercevoir que la petite fille courait sur ses quinze ans, la prit-il dans ses bras, et l'embrassa-t-il de toute la force de ses lèvres, en lui disant :

—Tu es mon bon génie, enfant! depuis que tu es entrée ici, le bonheur a fait son nid dans la maison.

Et il avait raison de dire cela, le brave jeune homme : c'était une véritable fée, un véritable génie, que cette petite fille avec sa baguette magique.

« Sa baguette magique ? dira-t-on ; vous ne nous en avez pas encore parlé. »

Au contraire, chers lecteurs ! au contraire, lectrices amies ! nous ne vous avons parlé que de cela.

Cette baguette magique, c'était la jeunesse !

IX

Songe d'une nuit d'été.

C'était une nuit aussi fraîche que la journée avait été brûlante. Les oiseaux, qui, sans doute, étouffés par la chaleur du jour, avaient gardé la chambre dans leurs palais de verdure, commençaient à faire entendre la voix de leurs hérauts ; le rossignol, la fauvette, le rouge-gorge ; ils chantaient la belle nuit d'été aux brises fraîches ! Des papillons de ténèbres, si grands, qu'ils semblaient des oiseaux, l'atropos, le paon, le sphinx du peuplier, voletaient sans bruit autour des arbres, avec des essaims innombrables de ces petits hannetons qui semblent les fils dégénérés des hannetons du mois de mai ; et mises en branle par le vent frais de l'est, les fleurs de la plaine, balancées sur leurs tiges, semblaient danser en l'honneur du Dieu qui créa la lune et les étoiles, ces doux et pâles soleils de l'obscurité. Les coquelicots s'enlaçaient aux bluets ; les marguerites donnaient la main aux violettes : le myosotis aux yeux d'or regar-

dait amoureusement couler le ruisseau.
Oiseaux, papillons, fleurs, célébraient la
fête de la nature.

Assis, ou plutôt couché parmi les blés,
un jeune homme, la tête appuyée en arrière sur ses deux bras croisés, les yeux
levés au ciel, semblait jouir avec délices
de la sérénité ineffable de cette nuit d'été.

Sur le front de ce jeune homme étaient
écrits en lettres de flamme les purs enchantements d'une récente félicité ; on pouvait
suivre sur son visage les traces encore visibles des joies de la veille, déjà amorties,
effacées par l'invasion triomphante des
joies du jour. Un passant indifférent eût
seul pu croire que les rides de son front
étaient creusées depuis peu, comme les

sillons par la charrue dans une terre nouvellement labourée ; un observateur, au contraire, eût reconnu bien vite que, dans ces sillons, arides à la première vue, germaient les plus vertes et les plus fraîches pensées de la jeunesse.

Ce jeune homme, c'était notre maître d'école...

Ou plutôt, hâtons-nous de nous reprendre, et ne lui donnons plus ce nom, qui entraîne avec lui tout un cortége d'illusions meurtries. Non, ce n'était plus le maître d'école ; non, ce n'était plus le violoncelliste éveillant l'âme de son grave instrument, et la forçant de gémir sur ses douleurs ; non, ce n'était plus ce jeune homme vieux avant l'âge que nous avons vu si soucieux au milieu de sa triste famille; — c'était l'oiseau des champs, à qui le bonheur avait ouvert, en passant, la porte de sa cage, et qui savourait, dans l'air embaumé du soir, les fruits à peine éclos de sa liberté.

C'était, en un mot, celui que nous appelions encore dans notre avant-dernier chapitre *le malheureux Justin*.

Saluez-le, chers lecteurs, et lectrices amies, car il avait fait de rapides progrès sur la grande route du bonheur.

Comme un voyageur attardé, il avait vite reconquis le temps et le chemin qu'il avait perdu; il avait, tout courant, laissé derrière lui les longues années de son isolement. Le chemin est si court de l'infortune au bonheur, qu'il avait, en six mois, pu oublier les soucis de sa vie entière !

Avait-il fait tout à coup fortune? quelque parent inconnu lui était-il arrivé des îles lointaines, exprès pour l'appeler *mon neveu*, à l'instituer son héritier? ou bien plutôt le travail, ce véritable oncle d'Amérique, qui donne toujours plus qu'on n'attend, lui avait-il créé ce doux loisir?

Ne devait-il pas, en ce jour, à cette heure — c'était un jeudi, jour de bal — ne devait-il pas être installé, les cheveux pendants comme les rameaux d'un saule, son instrument chanteur entre les genoux, dans l'orchestre du cabaret où nous lui avons vu demander humblement la place de contrebassiste.

Que faisait-il donc là, couché dans les blés comme un berger de Virgile, un Tytire ou un Damætas, lorsque son devoir l'appelait ailleurs?

Non, son devoir ne l'appelait plus à l'orchestre : ses deux élèves avaient enjambé d'un pas triomphant l'abîme de la troisième ; il avait des leçons par-dessus la tête, des économies à acheter une maison, et il y avait déjà quelque chose comme trois ou quatre mois qu'il avait renoncé à faire sa partie dans cette symphonie discordante où la misère l'avait poussé.

Il était là où il devait être ; nulle part il

n'eût été mieux : cette place qu'il occupait sur la lisière de ce champ, la tête dans les blés, les pieds pendants au rebord de la route, par le clair de lune, au milieu d'une nuit d'été — cette place, c'était celle qu'occupait, cinq ans auparavant, la petite fille qui avait magiquement métamorphosé la pauvre maison du faubourg Saint-Jacques, et, innocente Médée, rajeuni notre héros; c'était la nuit anniversaire de sa rencontre avec Justin, et celui-ci remerciait Dieu en ce moment du trésor inappréciable qu'il lui avait envoyé.

On était au mois de juin de l'année 1826; la petite fille était devenue une grande et svelte jeune fille.

L'enfant venait d'entrer dans sa quin-

C'était une belle ondine, pareille à celles qui se mirent dans les ruisseaux dont les cascades légères descendent du Taunus, et vont se jeter dans le Rhin. Elle avait de longs cheveux blonds comme l'or des blés, des yeux azurés comme les bluets au milieu desquels on l'avait trouvée couchée, des joues rouges comme les coquelicots tremblant sur sa tête au souffle virginal qui s'échappait de sa bouche.

On l'eût crue faite de toutes les fleurs des champs où elle avait passé la nuit cinq ans auparavant ; c'était un bouquet de fleurs vivant, rose et frais.

Justin, de son côté, était presque devenu beau ; nous avons déjà dit qu'il avait peu de chose à faire pour cela : à passer, par exemple, par le même chemin que le bonheur.

La conscience de sa félicité enlevait à son triste visage cet air froncé qui lui était naturel autrefois, et sa figure n'avait plus gardé de sa physionomie des jours néfastes que sa douceur et sa distinction.

Un jour, il s'était regardé dans son miroir, et ne s'était pas reconnu ; il avait rougi en se trouvant beau, et, depuis ce temps, comprenant qu'il devenait beau parce que Mina était belle, il avait pris pour sa personne mille soins qui lui étaient étrangers jusque-là.

Et il y avait de quoi s'embellir, certainement, rien qu'au contact de cette adorable créature.

Quand ils s'en allaient promener le dimanche aux plaines de Montrouge, c'était un couple adorable à voir ; lui blond, elle blonde ; elle rose, lui blanc ; le bras de la jeune fille enlacé comme une liane au bras du jeune homme, sa tête touchant presque son épaule, comme si elle eût voulu s'en faire un appui, c'était une harmonie délicieuse, un duo charmant !

On les regardait passer — les bons cœurs, bien entendu — avec ce plaisir naïf qu'on éprouve à suivre du regard des gens illustres ou heureux ; ceux qui les prenaient pour le frère et la sœur les admiaient; ceux qui les prenaient pour deux fiancés les enviaient.

Ils avaient tous deux l'air si bons, si joyeux, si jeunes! à peine Justin, depuis qu'il était heureux, paraissait-il vingt-cinq ans; sa jeunesse, dont il avait si peu profité, si mal joui, lui revenait à l'âge où il l'avait quittée, c'est-à-dire presque enfantine. Tous les petits garçons couraient à Mina, toutes les petites filles couraient à Justin, tous les pauvres leur tendaient indifféremment la main à l'un ou à l'autre.

Nous avons raconté, détail par détail, comment Mina, d'enfant, était devenue jeune fille; comment Justin, de malheureux, était redevenu heureux; suivons-les tous deux dans leur vie nouvelle.

L'éducation de l'enfant est faite : musique, dessin, histoire, littérature ancienne, littérature moderne, on lui a tout appris ; elle a tout retenu. C'est une jeune fille pleine de distinction, dont le sens a grandi dans cette terre féconde qu'on appelle la famille ; ses goûts sont simples comme ses habits ; sa robe du dimanche est le symbole de son âme ; elle en a la blancheur immaculée, et, fermée jusqu'ici aux désirs, comme le calice d'une fleur, elle attend, pour s'entr'ouvrir, ce soleil des jeunes filles qu'on appelle l'amour.

C'est une âme chaste dans un corps vierge.

Dans le cœur de Justin, comme dans une bonne terre que l'on n'a jamais ensemencée, un amour jeune et vigoureux vient d'éclore, élevant déjà ses rameaux vers le ciel.

Comment Justin s'aperçut-il qu'il était amoureux ?

Par une souffrance — souffrance d'autant plus aiguë qu'il était déshabitué de souffrir.

C'était le jeudi de la Fête-Dieu qui venait de passer. A cette époque, où les hommes avaient encore permis à Dieu d'avoir une fête, plusieurs des rues de Paris, mais principalement celles des grands faubourgs, étaient jonchées de fleurs, et ressemblaient à des tapis étendus sous les pieds du prêtre qui portait le Saint-Sacrement : en outre, les murs étaient tendus de draps ou de tapisseries, l'air était parfumé d'encens, les feuilles de roses volaient dans l'air, lancées à pleines mains, les cloches des différentes paroisses sonnaient à toute volée. C'était un spectacle ravissant que de voir défiler sous le ciel radieux, pareilles aux théories de la Grèce, les jeunes filles en voile blanc qui suivaient la procession du clergé. Dans ce temps-là, où le gouvernement n'avait point parqué les étudiants dans les écoles de province, il y avait encore sur les toits des faubourgs, comme des nids d'hirondelles, des nuées de jeunes gens penchés aux fenêtres de leurs mansardes pour voir défiler le chaste et blanc troupeau.

Mina faisait partie du cortége ; Justin,

adossé près des grilles du Val-de-Grâce, l'attendait au passage.

Le cortége arriva.

Justin découvrit bientôt la jeune fille, qui, comme la plus haute et la plus belle fleur d'un bouquet, dominait de la tête toutes ses compagnes.

Il n'avait pas d'autre dessein, d'autre désir que de la regarder passer ; cependant, comme s'il eût été fatalement attiré de ce côté, il leva les yeux, et vit à une fenêtre un jeune homme dont les yeux ardents rayonnaient sur tout cet essaim de cygnes.

Ce jeune homme regardait-il l'une ou

l'autre? Il sembla à Justin qu'il n'était venu là que pour Mina, et ne regardait que Mina. Une rougeur... nous nous trompons : une flamme monta au visage de Justin, et, à partir de ce moment, le pauvre maître d'école vit clair en lui-même.

Un serpent venait de le mordre au cœur; — mieux que cela, au cœur de son cœur ! comme dit Hamlet.

Il était jaloux !

Justin cacha son visage entre ses mains, comme si la jeune fille, en passant devant lui, et en voyant la rougeur de son visage, en dût comprendre la cause.

De retour à la maison, il s'enferma dans

sa chambre, et resta seul, pendant deux heures entières, à s'interroger.

Si, au bout de ces deux heures, l'amour qu'il avait pour la jeune fille ne lui était pas entièrement révélé, s'il hésitait encore à nommer le sentiment de son cœur, une révolution allait s'accomplir en lui qui ne devait lui laisser aucun doute.

Le soir, vers dix heures, après avoir vaqué aux derniers soins de la journée, Mina, comme d'habitude, descendit pour dire bonsoir à Justin, et lui tendre son front pour recevoir le baiser fraternel.

Ce soir-là, lorsque Mina entra dans la chambre, le corps du jeune homme frissonna des pieds à la tête et une flamme passa sur son visage, pareille à celle qui courut sur le front de la jeune fille le jour où Justin la surprit l'archet à la main.

Il l'embrassa sur le front ; mais, en l'embrassant, il devint pâle, pâle comme Mina le jour où elle chantait sa chanson dans la cour obscure, et où, surprise par sœur Céleste, elle avait cru commettre une profanation semblable à celle que l'on commet en parlant haut dans une église.

Le baiser qu'il lui donna lui sembla impie, illicite, plein de convoitise ; il recula avec terreur, renversant sa chaise, et faillit tomber à terre, quand la jeune fille, le regardant avec des yeux inquiets, lui dit :

— Oh! comme tu es pâle, ce soir, frère Justin! Qu'as-tu donc? serais-tu malade?

Oh! oui, il était bien malade, le pauvre Justin!

Il était frappé au cœur d'un amour mortel.

A partir de ce jour de la Fête-Dieu, de cette heure où, à la procession, il s'était senti jaloux en voyant un regard hardi se fixer sur Mina, il parut étrange à tout le monde; il avait tout à coup des élans imprévus qui étonnaient la famille, des joies sans cause apparente qui l'épouvantaient; puis il retombait subitement dans des silences mornes et obstinés.

Lui, qu'on n'avait jamais entendu chanter, s'était, un beau jour, en montant de sa chambre à celle de sa mère, mis à parcourir toute la gamme, à jeter au vent toutes les notes du clavier humain.

Un autre jour, on l'avait rencontré gambadant par les rues comme un écolier en vacances.

Enfin, on le voyait s'enfermer dans sa chambre pendant des nuits entières sans que le moindre bruit y trahît sa présence; et, lorsque, indiscrètement, on regardait par le trou de la serrure, on le voyait, tantôt assis et immobile comme s'il était pétrifié, tantôt marchant et gesticulant comme s'il était fou.

Ces symptômes, et d'autres encore plus effrayants, furent remarqués par sœur Céleste et par mère Corby, tout aveugle qu'elle était.

Les deux femmes résolurent de s'en ouvrir au vieux professeur, qui était resté le Calchas des deux simples créatures, en même temps qu'il était le Mentor de Justin.

M. Müller, qui, depuis longtemps, avait surpris le secret du jeune homme, prit le parti d'en conférer avec lui.

Ils s'enfermèrent, un soir, tous les deux, et, comme un vieux médecin qui n'a pas même besoin de tâter le pouls de son malade pour apprécier la gravité du mal, le bon Müller alla droit au fait, et faillit renverser son élève quand, la porte à peine fermée, il l'aborda par ces mots :

— Justin, mon garçon, tu es amoureux fou de Mina !

X

Flagrant délit d'amour.

Justin resta atterré.

Ainsi ce secret, qu'il avait enfoncé si profondément au-dedans de lui-même qu'il l'avait cru caché même à son vieil ami, son vieil ami le savait! et si lui, qui n'habitait pas la maison, connaissait l'état de son cœur, la mère, la sœur, et qui sait? la jeune fille peut-être aussi en étaient-elles informées.

La certitude que son secret était dévoilé le troubla et l'abattit, et ce fut avec l'apparence d'un coupable, que, le front baissé, la langue balbutiante, il répondit à M. Müller :

— C'est la vérité.

Le bon professeur le regarda, puis haussa les épaules.

— Allons, dit-il, relève la tête !

Justin releva la tête, soumis et rougissant comme un enfant.

— Regarde-moi, continua Müller.

Justin le regarda en balbutiant :

— Mon cher maître...

— Eh bien! mais, mon cher élève, reprit celui-ci, pourquoi donc n'en serais-tu pas amoureux?

— C'est que...

— Qui donc en serait amoureux, sinon

toi? ce n'est pas moi, je suppose! Voyons, ne fais pas le niais plus longtemps... Qu'est-ce qui te chagrine donc dans cet amour, et pourquoi en fais-tu un mystère? n'es-tu pas d'âge à aimer, et pourrais-tu trouver, dans le monde entier, un plus digne objet de ton amour? Aime donc, mon garçon! aime comme tu as travaillé, aime avec honneur, avec passion, avec folie, si tu peux! On dit que c'est si bon d'aimer!

— Vous n'avez donc pas aimé, vous?

— Je n'ai jamais eu le temps... Il y a mille choses que tu ignores, et que l'amour t'expliquera, à ce que l'on assure. Avec le travail et l'amour, tout s'éclaircit autour de nous et en nous ; on travaillait : on était fort ; on aime : on devient bon.

Mais Justin, malgré les paroles paternelles de son vieil ami, secouait la tête, et ne répondait pas.

— Voyons, dit le professeur du ton de la plus profonde tendresse, et en lui prenant les mains, qui t'empêche de parler ? qui te retient ? à qui, si ce n'est à moi, confieras-tu les premières joies de ton cœur ; n'avons-nous pas assez pleuré et souffert ensemble ? où trouveras-tu un cœur plus sympathique que le mien, une oreille plus attentative que la mienne ?

Peut-être n'y vois-tu pas bien clair, dans ton cœur ; en ce cas, débrouillons la chose nous deux, redevenons plus jeunes de dix ans... Tu te souviens de nos promenades dans le parc de Versailles ? Nous marchions la nuit, en regardant le ciel — et c'est toujours le ciel qu'on regarde, vois-tu, quand on désire ou qu'on craint quelque chose — nous marchions donc, regardant le ciel, et nous tenant par la main. Un jour tu me demandais : « Si je m'égarais dans ce bois, comment retrouverais-je mon chemin ? » et je répondis : « Sois tranquille, jamais tu ne t'égareras avec moi ! » Eh bien ! il en est de même aujourd'hui... Tiens, donne-moi la main, et faisons route ensemble ; le cœur ne ressemble-t-il pas un peu au bois inextricable où nous marchions dans l'obscurité?... Tu es perdu, donne-moi la main, et, à nous deux, nous retrouverons le sentier !

Justin sauta au cou du vieux maître, et l'embrassa, les yeux ruisselants des larmes.

— Pleure, mon fils, pleure ! dit le brave homme ; de joie ou de douleur il fait toujours bon pleurer : les larmes rafraîchissent le cœur, comme les pluies d'été les jours orageux du mois d'août ; mais, après que tu auras pleuré, réjouis-toi, et parlons de tes espérances.

— Oh ! mon bon maître ! mon maître bien-aimé !...

— Eh bien, quoi ?

— Si elle ne m'aimait pas, elle !

— Es-tu fou ? demanda le vieillard ; et pourquoi donc veux-tu qu'elle ne t'aime pas ? C'est à son âge que le cœur chante sa première chanson ; pourquoi le sien ne la chanterait-il pas pour toi, mon bon et digne fils ?

— Ainsi, mon cher monsieur Müller, demanda le jeune homme, vous croyez qu'elle m'aime ?

— J'en suis sûr, aussi vrai que tu es

un honnête homme assez simple pour en douter.

— Mais c'est que je ne le lui ai jamais demandé.

— Et tu as eu grandement raison! est-ce que c'est une demande à faire? est-ce que nous, qui ne sommes que des amis, est-ce que nous avons eu besoin de nous dire l'un à l'autre que nous nous aimions? est-ce que cela ne se voit pas du reste?

— Oui, vous dites vrai, mon ami, elle m'aime!

— Je le crois bien! et c'est lui faire injure que d'en douter.

— Oh! mon bon et vénéré maître, si vous saviez combien je me trouve tout autre que je n'étais il n'y a qu'un instant, rasseréné, transfiguré! j'en deviens, pour ainsi dire, plus cher à moi-même; j'ai de ma personne, je ne le dirai qu'à vous, mon ami, une opinion toute différente de celle que j'ai eue jusqu'ici : je m'aime en quelque sorte de me sentir aimé.

Et, en effet, vous rappelez-vous votre premier amour, vous qui me lisez? ne vous a-t-il pas semblé que vous étiez autre que vous-même, ou, mieux encore, que vous deveniez plus vous-même que vous ne l'aviez jamais été?

La conscience du bonheur rend orgueilleux ; mais comme l'orgueil qu'on éprouve est expansif! comme on voudrait avoir des brassées de fleurs pour les jeter à pleines mains sur la tête de tous les hommes!

Ils causèrent ainsi longtemps, le jeune homme et le vieillard, le jeune homme brûlant, et le vieillard se réchauffant au feu de l'amour.

Et, cependant, parfois les éclairs de joie que lançaient les yeux du jeune homme étaient voilés par les nuages qui passaient sur son front.

Pendant une de ces éclipses :

— Hélas ! dit-il, j'ai bientôt trente ans : elle en a seize à peine : je pourrais presque être son père. Ne craignez-vous pas, mon ami, que nous prenions la pitié filiale, la tendresse fraternelle pour l'amour véritable ?

— D'abord, répondit le vieillard, tu n'as pas encore trente ans, si j'ai bonne mémoire, et eusses-tu trente ans accomplis, tu n'as pas l'air d'en avoir plus de vingt-cinq : tes cheveux blonds te rajeunissent de dix ans. Ne t'effarouche donc pas de ton âge ; laisse même gagner à Mina sa seizième année, et jouis sans crainte et sans honte de ton amour. Tu l'as bien mérité, mon fils, par ta vertu exemplaire.

Et le vieillard embrassa Justin, comme il eût fait effectivement de son fils.

Et il fut convenu entre les deux amis que, Mina n'ayant que quinze ans, on garderait encore le silence devant la mère, devant la sœur et devant la jeune fille.

La mère et la sœur n'auraient pas la force de garder le secret, et il répugnait aux deux amis d'éveiller dans l'âme candide de la jeune fille ces désirs bondissants dans le cœur de Justin comme des chevaux nouveau-nés.

On se promit seulement d'en parler le

plus souvent possible seul à seul, entre soi.

Aussi avec quelle précaution les deux amis fermaient-ils la porte, de peur que le secret, pareil à un parfum, ne s'échappât de la chambre, et ne montât jusqu'à l'appartement des femmes !

Les soirs où le vieux maître revenait, tout allait bien ; à dix heures, heure à laquelle on se couchait invariablement au premier étage, on se séparait des femmes, puis l'on descendait, et plus d'une fois M. Müller s'aperçut qu'il s'était attardé jusqu'à l'heure insolite de minuit, à écouter, pour la centième fois, le récit des impressions amoureuses du jeune homme.

Mais, quand il n'était pas là, le cher professeur, avec qui Justin pouvait-il parler d'elle ? sur quoi pouvait-il répandre les trésors de sa joie intime ?

Oh ! s'il eût osé en causer avec son violoncelle !

Parfois il tirait cet ami muet depuis si longtemps, non-seulement de son armoire, mais encore de sa caisse ; il le pressait contre son cœur, le serrait entre ses genoux, faisait glisser ses doigts dans toute la longueur de son manche, et, silencieusement, passait sur les cordes l'archet suspendu.

Alors, il souriait, car, avec l'oreille de

l'imagination, il entendait tout ce que lui eût dit le violoncelle s'il lui eût été permis de parler.

D'autres fois, ce dialogue muet ne lui suffisait pas; alors, par les belles nuits d'été, il sortait doucement, tirait les verrous de la porte de la rue, gagnait la barrière, et, avide de bruit, de solitude et de mouvement, s'en allait par la plaine, récitant à la brise, la nocturne amie de l'amour et du malheur, les plus belles strophes des poëtes grecs et latins qui ont chanté l'amour.

C'est par une de ces nuits, anniversaire de sa rencontre avec la jeune fille, qu'il s'en était allé s'étendre dans les blés, les bluets et les coquelicots, parmi lesquels nous l'avons découvert au commencement du précédent chapitre.

Ce soir-là, c'était une solennité, un soir de fête : il n'était là, comme nous l'avons dit, que pour rendre grâce au Seigneur de l'ange qu'il lui avait envoyé.

Aussi, après avoir passé une heure ou deux dans les blés, comme neuf heures et demie seulement sonnaient à l'église Saint-Jacques-du-Haut-Pas, lui passa-t-il à l'esprit qu'il avait encore le temps de revenir à la maison, et de dire bonsoir à Mina avant qu'elle fût couchée.

Il se mit aussitôt à ouvrir le compas de ses grandes jambes, et revint tout courant pour rentrer chez lui.

A la porte, il trouva un gamin d'une douzaine d'années qui l'attendait ; un de ces enfants de Paris, dont, trois ans plus tard, Barbier, le grand poète de 1830, devait faire le portrait.

L'enfant l'arrêta.

— Monsieur, lui dit-il, voilà votre mouchoir, que vous aviez perdu.

— Comment ! mon mouchoir ?

— Oui, il est tombé de votre poche, quand vous êtes sorti, il y a deux heures.

— Et tu l'as trouvé ?

— Oui.

— Pourquoi ne l'as-tu pas rendu tout de suite ?

— Je n'étais pas bien sûr que ce fût à vous ; il passait plusieurs messieurs en même temps. J'ai crié : « Ohé ! qui est-ce qui perd son mouchoir ? » On m'a dit : « Tiens, c'est à ce monsieur qui est là-bas, là-bas ! » Vous étiez déjà à un quart de lieue. « Bon, ai-je dit, j'aime mieux l'attendre que de courir après lui... Reviendra-t-il, ce monsieur? — Certainement. — Où demeure-t-il? — Il demeure là. — Quel est-il? — C'est l'amoureux de la petite. — Et, la petite, où demeure-t-elle? — Elle demeure chez lui. — Ah! bon, ai-je dit, s'il est l'amoureux de la petite, et si la petite demeure chez lui, il ne tardera pas à revenir. » Et je vous ai attendu; j'ai bien fait, puisque vous voilà... Eh bien! vous ne prenez pas votre mouchoir?

— Si fait, mon petit ami, dit Justin, et voici pour ta peine.

Et il donna dix sous à l'enfant.

— Bon! une pièce blanche, dit celui-ci;

je vais la changer, la vieille me la prendrait tout entière, au lieu qu'avec dix sous de sous je lui en donnerai cinq, et je garderai les cinq autres.

L'enfant fit quelques pas, tandis que Justin, pensif, introduisait d'une main tremblante la clé dans la serrrure; mais, revenant sur ses pas :

— Dites donc, monsieur, demanda l'enfant en le tirant par sa redingote.

— Quoi?

— Si vous voulez savoir si elle vous aime...

— Qui ?

— La petite donc, votre amoureuse.

— Eh bien ?

— Il faut venir trouver la vieille, rue Triperet, n° 11. D'ailleurs, si vous oubliez le numéro, elle est connue dans toute la rue ; demandez la brocante, tout le monde vous enseignera son logement. Elle vous fera le grand jeu pour vingt sous.

Mais Justin n'écoutait plus ; il ouvrit la porte, et la referma au nez de l'enfant, qui s'en alla chez l'épicier changer la pièce de dix sous pour dix sous de sous, ou plutôt pour neuf sous et demi, car, à titre de courtage sans doute, il acheta deux liards de mélasse.

Puis il reprit au galop le chemin de la rue Triperet.

Quant à Justin, au lieu de monter chez les femmes, et d'achever sa soirée en famille, il rentra chez lui, s'enferma, se jeta sur un fauteuil, et y demeura immobile et le cœur rempli des plus sombres pressentiments.

Son amour n'était plus à lui ; son secret était aux mains de tout le monde.

Il était, pour tout le faubourg Saint-Jacques, *l'amoureux de la petite!*

VII

Les Moschites.

Il y a dans l'Inde, mais particulièrement à Korrah, un insecte immonde, sorte de moucheron nommé moschite, dont la piqûre est des plus dangereuses; il ne se contente pas de sucer le sang comme le zinzaro, ou de piquer avec un dard comme la guêpe : il dépose, dans le trou qu'il a fait à la chair de sa victime, un petit œuf qui en trois jours éclot, donne naissance à un ver, lequel en engendre incontinent une quantité d'autres qui vous dévorent tout vivant.

Le plus souvent, on en meurt en douze ou treize jours.

Pour prévenir cet accident, il faut, dès que l'on se sent piqué, étendre sur la plaie, débridée d'un coup de bistouri, une feuille de tabac mâché.

Il existe tout autour de nous, en Europe,

en France, à Paris, sous une autre forme, il est vrai, mais plus dangereux encore, des insectes dans le genre des moschites de Korrah : — ce sont les voisins.

Plus dangereux, nous l'avons dit, car on sait quel baume appliquer sur la blessure faite par le moucheron, tandis que les blessures faites par les voisins sont mortelles.

Le voisin est sans pitié, sans cœur, sans entrailles : il entre chez vous par la porte, si vous laissez la porte ouverte; par la fenêtre, si vous laissez la fenêtre ouverte; par le trou de la serrure, si vous fermez la fenêtre. Il vous dérobe vos secrets avec la même effronterie que le plus fieffé voleur de nuit vous dérobe votre argent ; il y a, toutefois, entre les voisins et les voleurs, une différence toute à l'avantage du voleur ; c'est que le voleur risque sa vie au moins, tandis que le voisin risque la vie des autres.

On se contenterait de gémir, et l'on se résignerait à ce fléau, comme l'Inde se résigne au choléra, comme l'Égypte se résigne à la peste, comme les Anglais se résignent au brouillard, s'il était démontré en histoire naturelle que cette infirmité, qu'on appelle le voisinage, fut inhérente à l'espèce entière ; mais point du tout, elle est particulière à ce pays privilégié qui se nomme la France ; partout, en Allemagne, en Angleterre, en Espagne, on a le respect des autres, ayant le respect de soi-même.

Dans notre France seule, enfermé dans sa chambre, porte close, volets tirés, on sent autour de soi l'œil et l'oreille du voisin.

Ce n'est pas qu'il vous veuille précisément du mal; non : — alors, il deviendrait justiciable du code pénal; souvent même, quand il vous fait du mal, c'est malgré lui, quoiqu'il vous en fasse toujours; — non, il veut voir simplement ce qui se passe chez vous; vous lui devez compte de ce qui se dit, de ce qui se fait dans votre intérieur; vous êtes son débiteur naturel; il est créancier de votre bonheur.

A cela près, tous ces gens-là sont, si vous

voulez, honnêtes ; ils observent les lois portées au bulletin ; ils se soumettent rigoureusement à toutes les ordonnances de police ; ils paient recta leurs impôts, balayent le seuil de leur boutique en hiver, arrosent la devanture de leur magasin l'été, tiennent prête une corde à puits neuve en cas d'incendie, vont le dimanche à l'église, le lundi au théâtre, montent leur garde une fois par mois, se conduisent enfin comme tout le monde, oubliant toutefois que, la discrétion étant une sublime vertu, la curiosité est naturellement un vice monstrueux.

Aussi, nous ne désespérons pas de voir, d'ici à quelques années — cela commence déjà — la population intelligente de Paris, déserter ces casernes qu'on appelle les maisons à quatre étages, et, les chemins de fer aidant, se confiner, sur un rayon de dix lieues, tout autour de Paris, dans des habitations particulières où les faiblesses des uns seront cachées, et où les vertus des autres seront à l'abri du soupçon.

Ce mot que le gamin venait de prononcer : *l'amoureux de la petite* n'était pas, au reste, le premier de ce genre qui eût frappé les oreilles de Justin.

Plus d'une fois, lorsqu'il passait dans le faubourg, donnant le bras à la jeune fille, il avait remarqué dans les yeux des voisins des regards ironiques, et sur les lèvres des sourires équivoques.

Cette belle fille au bras de ce jeune homme, quand ce n'était ni son mari, ni son frère ; n'y avait-il point là à mordre, et n'était-ce pas tenter les dents les moins incisives du faubourg ?

On l'avait connue enfant, il est vrai ; mais, oubliant tout à coup qu'on l'avait vue grandir peu à peu, on ne voulait plus la prendre que pour ce qu'elle était, c'est-à-dire pour une grande demoiselle bonne à marier, et qui ne se mariait pas.

On chercha de toutes façons à trouver la cause de ce double célibat; on oublia qu'il n'y avait pas de temps perdu, puisque Mina avait quinze ans et demi à peine ;

on pensa qu'il y avait quelque secret là-dessous; les plus curieux, ainsi que des oiseaux pillards, s'abattirent sur la famille pour lui voler son secret; ils furent doucement repoussés; on fut réduit aux conjectures; des conjectures, on passa aux bavardages; des bavardages, aux cancans. Enfin, la calomnie s'en mêla, battit le seuil de la paisible maison, monta de degrés en degrés, et l'envahit complétement.

La vie ainsi n'était plus possible. Justin songea bien à déménager; mais quitter le quartier, c'était courir la chance d'en retrouver un pire, c'était donner raison à la méchanceté des voisins; et puis, au fond, était-ce facile de quitter cette maison où l'on avait vécu si heureux et si misérable à la fois ? n'était-ce pas une part de soi-même qu'on allait rejeter ainsi loin de soi ? la vie entière de ces quatre personnages n'était-elle pas écrite en caractères ineffaçables sur les murs de ces deux étages ?

Non, c'était plus que difficile : c'était impossible !

On renonça donc à quitter la maison ; mais, comme il fallait prendre un parti, qu'on ne pouvait pas couper d'un seul coup de rasoir toutes les mauvaises langues du quartier, on résolut de consulter le vieux professeur.

Au reste, c'était toujours là qu'on en arrivait dans les situations désespérées.

M. Müller vint à l'heure accoutumée ; on laissa la jeune fille dans l'appartement du haut ; la mère descendit, pour cette fois, dans la chambre de son fils, et tous les quatre réunis, M. Müller, la mère, la sœur et le jeune homme, on tint un conseil de famille.

L'avis du vieux professeur fut bien simple :

« Publiez les bans demain, et mariez les enfants dans quinze jours. »

Justin jeta un cri de joie.

Cet avis de Müller répondait au vœu de son cœur.

En effet, un mariage faisait taire à l'instant même tous les soupçons. Il n'y avait donc pas à hésiter; il était inutile de chercher un autre moyen : celui-là était le vrai, le bon, le seul.

On eût pris ce parti, si la mère n'eût pas étendu la main.

— Un instant! dit-elle, je n'ai qu'une objection à faire, mais elle est grave.

— Laquelle? demanda Justin en pâlissant.

— Il n'y a pas d'objection, dit le vieux professeur.

— Si fait, monsieur Müller, répondit madame Corby, il y en a une.

— Laquelle? Voyons!

— Dites, ma mère! murmura Justin d'une voix tremblante.

— On ne connaît pas les parents de Mina.

— Raison de plus pour qu'elle dispose d'elle-même, puisqu'elle ne dépend de personne, dit le professeur.

— Puis, hasarda timidement Céleste,

les parents de Mina ont renoncé à elle du jour où ils ont cessé de payer la rente qu'ils s'étaient engagés à servir à la mère Boivin.

Cette observation faite presque à voix basse, par une bouche craintive, parut, cependant, excellente à Justin.

— Mais oui! s'écria-t-il, Céleste a raison.

— Je crois bien qu'elle a raison! dit le professeur.

— Elle pourrait, en effet, n'avoir pas tort, dit madame Corby, et je vais proposer un terme moyen qui, je l'espère, satisfera tout le monde.

— Dites, ma mère! fit Justin; nous savons tous que vous êtes la sagesse descendue sur la terre.

— Les lois ne permettent de se marier qu'à quinze ans et cinq mois; si vous vous mariez tout de suite, vous aurez l'air de n'avoir attendu que le moment où la loi permettait le mariage, et d'avoir profité de son bénéfice avec une promptitude dont l'intention peut être mal interprétée.

— Ça, c'est vrai, Justin, murmura le professeur.

Justin soupira.

Il n'avait, en effet, rien à répondre.

— Dans sept mois, le 5 février prochain, Mina aura seize ans ; attendons qu'elle ait seize ans. Seize ans, c'est presque l'âge de raison pour une femme ; il est important, mon fils, que l'on sache bien que Mina s'est donnée : en l'épousant aujourd'hui, tu aurais l'air de l'avoir prise.

— Alors?... murmura Justin tout tremblant de joie.

— Alors, comme le curé de la Bouille

représente à l'heure qu'il est le tuteur de Mina, tu te pourvoiras d'avance du consentement de ce digne prêtre, et, le 6 février prochain Mina sera ta femme.

— Oh ! ma mère ! ma bonne mère ! s'écria Justin en tombant aux genoux de sa mère, en la serrant sur son cœur, et en couvrant son visage de baisers.

— Mais, en attendant ?... demanda Céleste.

— Oui, dit le professeur, en attendant, les bavardages, les cancans, les calomnies iront leur train !

— Aussi faudrait-il aviser à mettre Mina quelque part pendant ces sept mois-là.

— Quelque part, ma mère! mais où voulez-vous que nous la mettions, la pauvre enfant?

— Dans un pensionnat quelconque, peu importe où, pourvu qu'elle ne reste pas ici.

— Je ne connais personne à qui je consente à confier Mina! s'écria Justin.

— Attendez donc, attendez donc, dit le professeur, j'ai votre affaire, moi.

— En vérité, mon cher monsieur Müller? dit madame Corby en tendant la main à la voix du vieux professeur plutôt qu'au vieux professeur lui-même, qu'elle ne voyait pas.

— Qu'avez-vous en vue, et qu'allez-vous nous proposer? demanda Justin d'un ton d'impatience marquée.

— Ce que je vais vous proposer, mon cher Justin? La seule chose proposable, pardieu! qu'il y ait dans la circonstance difficile où nous nous trouvons. J'ai à Versailles, une vieille amie de trente ans, la seule femme que j'eusse aimée peut-être, ajouta le bon professeur avec un soupir, si j'en eusse eu le temps ; elle tient justement un pensionnat de jeunes filles : Mina restera chez elle pendant ces sept mois, et, une fois par semaine... eh bien, une fois par semaine, tu iras lui faire ta visite au parloir. — Cela te va-t-il, mon garçon ?

Dans les grandes circonstances, M. Müller tutoyait Justin.

— Dame, dit Justin, il faut bien que cela m'aille.

— Morbleu ! comme tu deviens difficile ! il y a six mois, tu eusses accepté la chose à belles baisemains.

— Et je l'accepte encore avec reconnaissance, mon bon et cher ami, dit Justin en tendant les deux mains à M. Müller.

— Et vous, que dites-vous, ma chère madame Corby? demanda le professeur.

— Je dis que, dès demain, il faut que vous alliez à Versailles avec Justin, cher monsieur Müller.

Sur quoi, l'on se sépara en se donnant rendez-vous rue de Rivoli, à la station où l'on prenait, à cette époque-là, les *gondoles*, seules voitures qui, avec les coucous de la place Louis XV, fissent le transport des voyageurs de Paris à Versailles.

Au bout d'un quart d'heure de conversation avec la maîtresse du pensionnat, le jeune homme s'aperçut que Müller, n'avait aucunement exagéré les solides vertus de sa vieille amie.

En apprenant l'intérêt que Müller portait à sa future pensionnaire, l'excellente femme offrit de prendre la jeune fille pour le seul prix de sa nourriture, et l'on convint de la lui amener le dimanche suivant.

Les deux amis sortirent du pensionnat, enchantés de la maîtresse de pension, et s'en revinrent à pied par les bois de Versailles, si remplis pour eux d'ineffables souvenirs.

Nous avons dit qu'on n'avait, à l'endroit de Mina, rien laissé transpercer de ce complot de famille ; la pauvre enfant n'en savait donc pas le premier mot. Elle avait bien entendu quelques chuchotements ; elle avait bien vu les uns et les autres se lancer certains regards dont elle ne comprenait pas entièrement l'expression ; elle sentait vaguement qu'un mystère planait autour d'elle ; elle le flairait, pour ainsi dire, mais sans en pouvoir trouver les traces.

Cette nouvelle vint donc la frapper, un matin, comme un coup de foudre. Elle n'avait jamais pensé que sa vie pût changer, tant elle s'était fait de cette vie une douce habitude ; de même que le mur de la cour était son horizon, sa vie dans la famille de Justin était tout son avenir ; il ne lui était point venu à l'idée qu'elle pût avoir ou un autre avenir ou un autre horizon : elle fermait volontairement les yeux à sa destinée, ne songeant à rien autre chose quand les feuilles tombaient, sinon que l'hiver était proche, ne voyant autre chose quand les feuilles revenaient, que le retour du printemps.

Un jour, la mère lui avait demandé :

— Que deviendrais-tu après ma mort, mon enfant ?

— Je vous suivrai, avait répondu Mina

en souriant; ne faut-il pas quelqu'un qui vous serve au ciel comme sur la terre?

— Au ciel, avait répondu la mère, j'aurai autour de moi tous les anges du Paradis.

— C'est vrai, avait répondu Mina; mais ils n'ont pas, comme moi, vécu cinq ans avec vous.

Et, de même qu'il lui avait paru impossible de quitter jamais la pauvre aveugle, de même il lui paraissait impossible de quitter jamais la maison. Ce fut donc avec un profond chagrin qu'elle accueillit la nouvelle de ce brusque départ; on ne lui en expliquait d'abord les causes que très imparfaitement; elle était si naïve, qu'elle ne savait point comprendre que l'on pût médire de ses sorties; si chaste, qu'elle ignorait les conséquences que l'on pouvait tirer de sa cohabitation avec un jeune homme.

Elle eût candidement couché dans sa chambre, sans même songer que quelqu'un pouvait y trouver à redire.

On eut beau lui faire entendre que c'était un usage ayant force de loi, qu'une jeune fille de seize ans ne devait plus demeurer dans la même maison qu'un jeune homme; malgré l'avis de la mère et de la sœur, malgré l'opinion du vieux professeur lui-même, elle n'en voulut rien croire, et elle n'accepta jamais cet étrange principe qu'on pût se formaliser de voir Justin habiter avec elle, puisqu'on ne se formalisait point qu'il habitât avec Céleste.

C'était donc le cœur serré et les yeux pleins de larmes qu'elle allait quitter cette triste maison, devenue pour elle le paradis de son bonheur.

XII

Le pensionnat.

Le premier jeudi du mois de juillet de l'année 1826, Justin, accompagné de son vieux maître, la conduisit à Versailles.

Tout le long de la route, la jeune fille ne

desserra point les dents ; elle était pâle et morne, et levait à peine les yeux autour d'elle.

Un moment, Justin, la voyant si triste, sentit le cœur lui faillir, et songea, bravant tous les commérages du quartier, à la ramener à la maison.

Il fit part de son intention à M. Müller.

Mais, soit que le vieux professeur comprît l'intérêt égoïste qui dictait, malgré lui, les paroles de Justin ; soit que, moins intéressé que le jeune homme dans la question, et ayant sa conscience plus libre pour agir, il fût déterminé à aller jusqu'au bout, M. Müller tint bon, et fit reproche à Justin de sa faiblesse dangereuse.

On arriva au pensionnat.

L'innocent que l'on conduit à l'échafaud n'a pas un visage plus consterné en arrivant sur la place de l'exécution et en apercevant l'instrument de supplice, que celui de la pauvra Mina en apercevant les grands murs de pierre qui entouraient la pension, et la grille de fer qui y donnait entrée.

Ces murs étaient pourtant couverts de lierre et surmontés de clématites; les lances de cette grille étaient cependant dorées.

Madame de Staël, en face du lac de Genève, regrettait son ruisseau de la rue Saint-Honoré.

La pauvre Mina, en face d'un palais, eût regretté sa triste maison du faubourg Saint-Jacques.

Elle regarda ses deux compagnons de route avec ses deux yeux inondés de larmes.

Mon Dieu! quel douloureux regard! il

fallait vraiment que les deux hommes eussent des cœurs faits de pierre comme les murailles de ce pensionnat, pour ne pas se fondre devant ces beaux yeux suppliants.

Elle les regarda tous deux ainsi longuement, profondément, allant de l'un à l'autre, ne sachant plus, à cette heure suprême, auquel elle devait s'adresser, de celui qu'elle considérait comme son père, ou de celui qu'elle appelait son frère.

Justin allait faiblir; il avait détourné les yeux pour éviter la blessure dont ce regard lui transperçait le cœur.

Müller lui prit la main, la lui serra avec force ; ce serrement de main équivalait à ces mots : « Courage, garçon ! j'ai grande envie de pleurer, moi aussi, et la preuve, c'est que j'étouffe : mais, tu le vois, je me contiens. Courage ! si nous nous attendrissons devant elle, nous sommes perdus ! tâchons donc de demeurer forts ; nous pleurerons ensemble au retour. »

Voilà les mille choses qui signifiait ce simple serrement de main du vieux professeur.

On conduisit Mina à la maîtresse de pension, qui la reçut dans ses bras, et l'embrassa bien plus comme une fille que comme une pensionnaire.

Hélas! ce baiser maternel attrista Mina, au lieu de la rasséréner.

C'était donc ainsi qu'était le monde? une étrangère avait donc le droit de vous embrasser comme une mère? Elle se rappela son premier réveil dans la chambre de sa sœur: le papier de la chambre de la maîtresse de pension était à peu près pareil à celui de la chambre de Céleste.

Tous les souvenirs de ses premières heures de solitude lui revinrent à l'esprit: elle se sentit plus seule et plus abandonnée que jamais.

Justin l'embrassa sur le front; le vieux

professeur lui baisa les deux joues, et, cinq minutes après, la pauvre Mina entendit se refermer la porte du pensionnat, avec ce serrement de cœur du prisonnier qui entend tirer sur lui les verroux de son cachot.

La maîtresse de pension la fit asseoir près d'elle, lui prit les mains, et essaya de la consoler, devinant bien plus qu'elle ne lisait sur le visage de la jeune fille, les traces d'un profond chagrin.

Mais, au lieu de l'adoucir, ces banales consolations ne firent que l'irriter: elle demanda à être conduite dans la chambre qu'on lui destinait ; car il avait été convenu, entre la maîtresse de pension et les deux amis, qu'on lui donnerait une chambre particulière, pour lui épargner les ennuis du dortoir commun.

On fit donc selon son désir, et on la conduisit à sa chambre. C'était un véritable boudoir de pensionnaire, trop coquet pour une nonne, pas assez pour une jeune fille du monde ; le papier perse à fleurs bleues rappelait celui que Mina avait fait poser dans la chambre de Justin ; une pendule posée sur la cheminée, entre deux vases d'albâtre contenant des fleurs artificielles, représentait Paul faisant passer le torrent à Virginie ; une gravure du martyre de sainte Julie, patronne de la maîtresse de la pension, ornait la muraille, ou plutôt, à notre avis, la tachait de son cadre noir; six chaises légères en bambou et en paille de couleurs différentes, une couchette à rideaux de perse bleue tombant d'un baldaquin, un piano entre la fenêtre et la cheminée, un ou deux petits meubles de goût simple complétaient l'ameublement de la chambre, dont, à la rigueur, eût pu se contenter une jeune fille plus habituée que Mina au luxe et au comfort.

L'enfant, au reste, fut frappée elle-même de la sérénité que l'on respirait dans cette chambre; solitude pour solitude, encore la valait-il mieux fleurie et parfumée.

Fleurie et parfumée était le mot : par la fenêtre entr'ouverte, la vue s'étendait sur d'immenses jardins pleins d'arbres et de fleurs.

Tout à coup, Mina entendit de grands cris joyeux presque au-dessous d'elle.

Elle alla à la fenêtre.

C'était l'heure de la récréation, et une trentaine de petites filles se précipitaient dans la cour, pour employer cette heure, rayon de soleil entre la double nuit des classes, le plus joyeusement possible.

La cour était sablée, plantée de tilleuls et de sycomores.

A travers le feuillage des arbres, comme à travers un voile mouvant, Mina voyait courir, jouer, sauter, danser de toutes façons la bruyante troupe.

Les grandes se promenaient deux par deux, dans les coins les plus retirés. De quoi parlaient ces cœurs et ces lèvres de quatorze ans.

Oh! comme elle aussi demandait une compagne à qui dire le secret de son cœur, dont son frère Justin n'avait pas voulu?

Et, cependant, les rires éclatants, les cris joyeux des petites filles agirent tout autrement que les condoléances de la vieille amie du professeur; elle repassa tous les souvenirs de ses premières années; elle revit la petite maison blanche de la Bouille, la mère Boivin, la vache blanche et noire qui donnait de si bon lait, qu'elle n'en avait jamais bu de pareil; son bon curé, qui avait soixante-quatre ans quand elle l'avait quitté, et qui devait en avoir soixante et dix maintenant. Elle songea, de cette fenêtre où elle était, que beaucoup de ces jeunes filles riches qu'elle voyait se promener et causer dans des coins, eussent été trop heureuses d'occuper ainsi qu'elle une chambre dans cette aristocratique maison; enfin, elle songea aux braves gens qui l'avaient recueillie, pauvre, errante, orpheline; qui l'avaient conduite à cette éducation, élevée à ce rang ; elle songea à la sainte mère Corby, à la bonne sœur Céleste, à l'excellent professeur et surtout à Justin ! à Justin, dont elle avait vu les larmes, dont elle sentit trembler la main, et qui lui avait murmuré d'une voix si tendre, tout en posant ses lèvres sur son front : « Courage, ma Mina chérie ! six mois sont bientôt passés. »

Alors... alors, elle trouva ses regrets égoïstes, sa tristesse ingrate ; alors, elle regarda autour d'elle, vit de l'encre, une plume et du papier, prit tout cela à deux mains, et alla s'asseoir à la table, où elle écrivit à la famille du faubourg Saint-Jacques une lettre adorable de remercîments et de bénédictions.

Il était temps que cette lettre arrivât : le pauvre Justin était au bout de ses forces, et il ne fallait pas moins que ce souvenir de la jeune fille pour le tirer de la langueur où l'avait jeté ce triste départ.

Hélas! quel sombre voyage ils avaient fait au retour, son vieil ami et lui.

Ils étaient revenus à pied, croyant trouver une distraction dans ce riant chemin, sûrs au moins d'y trouver la solitude.

Ils n'avaient pas échangé une parole; on eût dit deux proscrits fuyant au hasard, sans connaître le but de leur course.

M. Müller, qui avait été le plus fort en face de la jeune fille, était redevenu faible en face de Justin.

A moitié route de Versailles à Paris, il avait demandé à son élève le courage que lui-même avait promis de lui donner.

Quand on rentra à la maison, ce fut une scène de désolation ; la soirée qui suivit, une soirée de deuil.

Mina fût partie pour toujours, Mina eût été en danger de perdre la vie, Mina fût morte, qu'on ne l'eût pas pleurée et regrettée plus qu'on ne la pleurait et la regrettait, vivante, et à cinq lieues de Paris.

Le vieillard crut avoir retrouvé devant les femmes le courage qu'il avait perdu devant Justin, et essaya de les consoler; mais il y avait mauvaise grâce; il sentait qu'il touchait à faux, et qu'il parlait contre sa conscience, contre son cœur; il éclata et confondit ses larmes avec celles de la famille.

Oui, de la famille, car Mina était bel et bien de la famille.

On l'accusa, alors, de n'avoir pas assez mûri son projet en éloignant la jeune fille, d'en avoir hâté l'exécution trop légèrement, d'avoir précipité le départ quand rien ne menaçait encore, et quand, d'ailleurs, on eût pu mettre l'orpheline dans un pensionnat de Paris où l'on eût été la voir tous les jours ; on le rendit responsable des suites de l'événement ; chacun crut enfin alléger sa part du malheur général en en rendant coupable le bon M. Müller.

L'excellent homme écouta toutes ces tardives récriminations, endossa tous ces reproches avec un héroïsme surhumain, et partit, comme le bouc émissaire, chargé des iniquités de la tribu.

Une fois M. Müller sorti, une fois ces

trois pauvres êtres démeurés seuls, la mélancolie monotone des premières années s'abattit sur leur tête, et, comme la chauve-souris nocturne et funéraire, étendit ses ailes de crêpe, et plana silencieusement autour d'eux !

Et, en effet, l'enfant joyeux parti, les murs reprenaient leurs sombres teintes ; l'oiseau chanteur envolé, la cage était triste.

Tout dans l'appartement parlait de Mina pour dire ! « Elle était ici ; elle n'y est plus ! »

La mère !

La mère, qui l'avait jour et nuit sous la main, qui n'avait pas même besoin d'appeler pour entendre accourir l'enfant; la mère, qui, depuis six ans, pour soulager sa fille malade, avait chargé la petite Mina de la direction de la maison, s'en rapportant plus à elle qu'à sa propre fille, la mère avait le cœur navré en songeant que ce fragile roseau sur lequel elle avait appuyé sa vieillesse allait manquer à sa main.

La sœur !

La sœur, cette créature chétive qui ne

pouvait s'endormir, le soir, sans entendre la voix de ce charmant petit être dont la venue lui avait fait aimer quelque chose au monde en dehors de son frère et de sa mère, et fait reprendre quelque goût à la vie; la sœur, qui oubliait les biens que Dieu lui refusait en souvenir des joies qu'il donnait aux autres; la sœur, elle aussi, était habituée à voir tourner, courir, marcher, s'agiter autour d'elle, presque toujours assise et immobile, ce salpêtre enflammé qu'on appelle un enfant.

Et le frère!

Le pauvre Justin, redevenu le triste maître d'école, n'était-ce pas lui qui souffrait le plus de cette absence?

Quand il était rentré dans sa chambre — cette chambre que Jean Robert et Salvator avaient trouvée si virginale et si proprette — il n'avait vu que les anciennes murailles nues, que la cheminée vide que le grand tableau noir, symbole funèbre de ses joies éteintes, de ses illusions envolées.

Il s'était jeté tout habillé sur son lit, et il avait sangloté toutes ses larmes, comprimées par la présence de la famille.

Eh quoi ! cette petite fille, oiseau du matin, moitié rossignol, moitié alouette, dont la chanson l'éveillait tous les jours à la même heure; cet ange qui, tous les soirs, avant de fermer ses ailes, venait lui tendre son front blanc, il n'allait plus le voir, il n'allait plus l'entendre! Mon Dieu! mon Dieu!

Quelle nuit il passa, et quel lendemain sombre suivit cette sombre nuit!

Heureusement, comme nous l'avons dit plus haut, la lettre de la jeune fille arriva; c'était une action de grâces en trois pages, un cantique ravissant.

Elle demandait pardon de son absence

à la famille, comme si elle eût été, elle qu'on avait traînée de force à Versailles, la seule cause de son départ.

. Elle les remerciait de tout le bien qu'elle avait reçu d'eux, comme si, le bien, ce n'était pas elle qui le leur eût donné!

Enfin, c'étaient les pensées d'un ange écrites par la main d'un enfant.

Tout cela consola un peu le pauvre Justin.

Puis, comme il avait dit à la jeune fille,

l'espérance lui disait à lui : « Courage ! six mois sont bientôt passés. »

Et, cependant, qui sait quels événements peuvent, dans l'espace de six mois, tomber de la main entr'ouverte de la destinée ?

FIN DU DEUXIÈME VOLUME.

Fontainebleau, imp. de E. Jacquin.

La Famille Jouffroy.	7 vol.
Mémoires d'un mari	4 vol.
Fernand Duplessis.	6 vol.
Gilbert et Gilberte	7 vol.
La marquise d'Alfi	2 vol.
L'Institutrice	4 vol
Les Enfants de l'Amour	4 vol

Ouvrages d'Alexandre Dumas.

Les Mohicans de Paris	2 vol.
Catherine Blum	2 vol.
Vie et aventures de la princesse de Monaco.	5 vol.
El Saltéador.	3 vol.
Souvenirs de 1830 à 1842	4 vol.
Un Gilblas en Californie.	2 vol.
Les Drames de la Mer.	2 vol
Le Pasteur d'Ashbourn.	8 vol.
Conscience	5 vol.
Olympe de Clèves	9 vol.
La Comtesse de Charny.	16 vol.
Le Trou de l'Enfer	4 vol.
Dieu dispose	6 vol.
La Femme au collier de velours	2 vol.
Histoire d'une colombe	2 vol.
Ange Pitou	8 vol.
Le Collier de la reine.	11 vol.
Le Véloce.	4 vol.
Mariages du père Olifus.	5 vol.
Les mille et un fantômes	2 vol.
La Régence	2 vol.
Louis XV.	5 vol.
Louis XVI.	5 vol.
La comtesse de Salisbury	6 vol.

Fontainebleau, imp. de E. Jacquin.

www.ingramcontent.com/pod-product-compliance
Lightning Source LLC
Chambersburg PA
CBHW071515160426
43196CB00010B/1531